성 공 투 자 의 필 수 조 건
IR을 알려 DREAM

IR을 알려 DREAM

초판 1쇄 발행 2025년 03월 19일

지은이 이종헌
감수 진성훈

펴낸이 류태연
펴낸곳 렛츠북
주소 서울시 영등포구 문래북로116, 1005호
등록 2015년 05월 15일 제2018-000065호
전화 070-4786-4823   팩스 070-7610-2823
홈페이지 http://www.letsbook21.co.kr   이메일 letsbook2@naver.com
블로그 https://blog.naver.com/letsbook2   인스타그램 @letsbook2

ISBN 979-11-6054-752-8 13320

* 이 책은 저작권법에 따라 보호를 받는 저작물이므로 무단전재 및 복제를 금지하며, 이 책 내용의 전부 및 일부를 이용하려면 반드시 저작권자와 도서출판 렛츠북의 서면동의를 받아야 합니다.
* 잘못된 책은 구입하신 서점에서 바꾸어 드립니다.

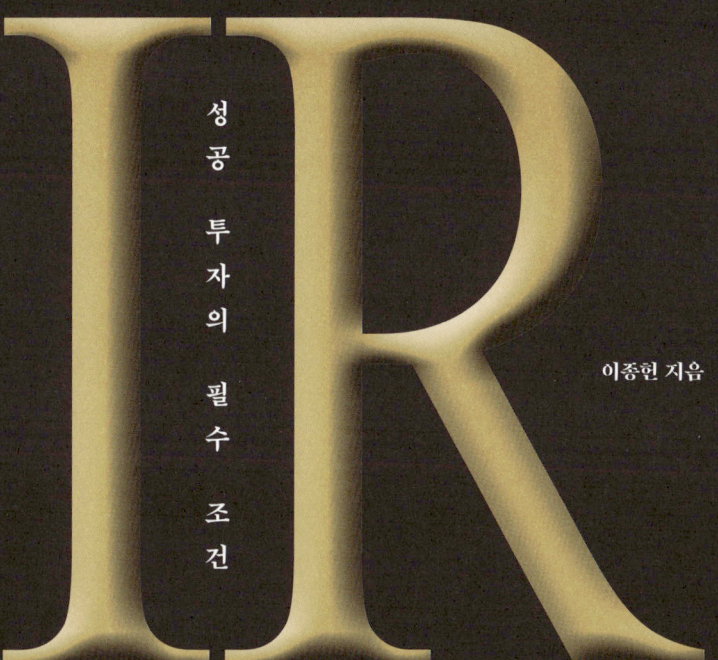

IR

성공 투자의 필수 조건

이종헌 지음

IR을 알려 DREAM

이종헌

20년간 IT 하드웨어/소프트웨어, IT 서비스, 장비 개발, 의료기기 등 8개의 다양한 업종의 기업에서 IR업무를 담당해 왔다. 그중 두 개 기업의 IPO를 성공적으로 이끌었다. 현재는 진단키트 전문기업 젠바디에서 세 번째 IPO를 준비 중이다. IR 현장에서 쌓아온 경험과 통찰을 바탕으로, 주식시장에 관심 있는 이들에게 실질적인 도움과 영감을 전하고자 이 책을 집필했다.

- **유튜브** www.youtube.com/@BravoTVyt
- **이메일** BravoMediaHQ@gmail.com
- 이 책의 수익금 일부는 어려운 환경에서 자라는 어린이들에게 작은 희망과 도움을 전하는 데 사용될 예정입니다.

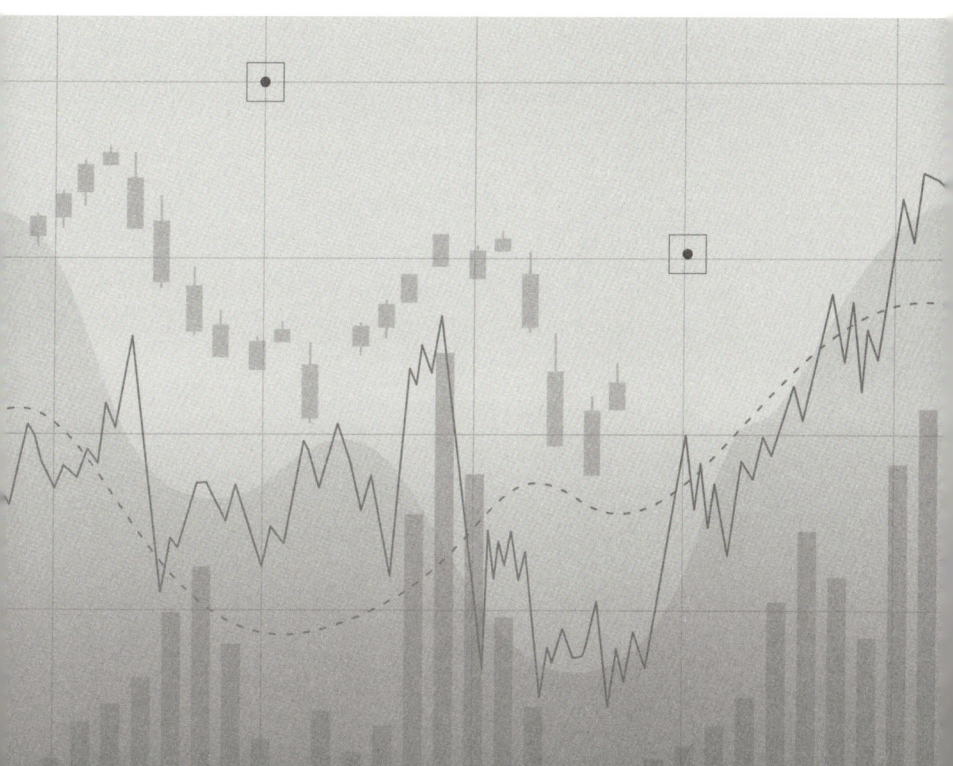

목차

프롤로그 010
추천의 글 015

1장 　실무 가이드
: IR의 현실적인 도전과 해결 방안

1. IR의 기본원칙과 접근

IR담당자는 세 부류다　　　　　　　　　　034
IR, PR, 공시… 뭐가 다르지　　　　　　　037
내부 IR이 먼저다　　　　　　　　　　　041
대상이 원하는 말을 해야 한다　　　　　　045
말은 기술이 아니라 준비된 진정성이다　　049

2. 전략적 IR 커뮤니케이션

IR은 일관성이다　　　　　　　　　　　　054
신문물에 대한 도전은 아름답다　　　　　　058

새로운 정책에는 최대한 느긋이 대응하자 062
공시는 기업 중심을 지향해야 한다 065

3. 실무적 도전과 해결 방안
내 잘못은 아니지만, 객관적 자료로 용서를 구하다 070
실적 전망 공시, 할까 말까 074
자사주 매수하면 주가가 오르나 077
자사주로 할 수 있는 것들은 꽤나 많다 081
주식매수선택권만이 답은 아니다 084
우리사주 꼭 해야만 할까 088
무상증자와 액면분할은 불쏘시개로 써야 한다 092
주주총회는 허무하게 끝나야 한다 096
기자님은 불이다 100

2장 주식시장 통찰
: 기업과 투자자의 연결고리

돌아가는 판을 이해해야 한다	107
가짜 밸류업을 반대한다	113
ESG를 부분적으로 찬성한다	117
구주매출에 대한 새로운 시각을 바란다	121
결국은 수급이다	125
기업은 1류가 되었다, 정치는 언제쯤	131

3장 직무 관련 스토리텔링
: IR담당자의 여정과 교훈

해본 사람을 찾아 외부에 눈을 돌리다   137
상장은 목표가 아니라 과정이어야 한다   142
IR담당자도 사람이다   146
대표님의 그릇만큼 기업 가치는 커진다   149

에필로그 154
고마운 사람들 157

프롤로그

주식시장에서 기업과 투자자를 잇는 중요한 연결고리가 바로 IR담당자다. 하지만 서점에 가보면, 주식시장 관련 책들은 대부분 투자 전략, 시장 분석, 성공 사례에 대한 이야기뿐이다. IR담당자가 쓴 책은 찾아보기 어렵다. 우리는 기업의 이야기를 투자자에게 전달하는 다리 역할을 하며, 투자자들이 기업을 더 깊이 이해할 수 있도록 돕는 것이 바로 우리 일이다.

IR은 단순한 정보 전달이 아니다. 투자자들이 기업을 올바르게 이해하고, 그 가치를 정확히 평가하도록 돕는 과정이다. 나는 이렇게 생각해 왔다.

'기업을 제대로 이해하면, 투자자도 올바른 결정을 내릴 수 있다.'

그래서 IR담당자로서 매 순간 많은 노력과 시간을 들여 기업의 실적을 설명하고, 경영진의 비전을 전달하며, 때로는 투자자들의 질문에 답변하는 데 온 힘을 기울였다.

이 책은 IR의 역할과 가치를 이해하고 싶은 사람들에게 새로운 시각을 제공하려는 목적에서 시작되었다. IR담당자가 기업에 대해 깊이 이해하고 생각하는 과정을 안다면, 주식시장을 한층 더 넓고 다층적으로 바라볼 수 있을 것이다.

나는 이 책을 통해 'IR을 제대로 알면, 주식투자에 성공하는 데 필요한 통찰을 얻을 수 있다'는 점을 전달하고자 한다.

거의 20년 동안 IR담당자로 일하면서, 나는 이 일을 단순한 직무 이상으로 느껴왔다. 기업과 투자자 사이에서 중요한 연결고리 역할을 하며 쌓은 경험과 깨달음을 담아, 주식시장을 바라보는 더 깊고 실질적인 시각을 제공하고 싶었다.

책은 크게 세 장으로 구성된다.

1장은 실무적인 가이드를 다룬다. IR담당자로서 마주하게 되는 다양한 과제들, 그리고 그 해결 방안을 실제 사례를 통해 설명한다. 이 과정에서 주식시장에 관심 있는 이들도 실질적인 도움과 새로운 통찰을 얻을 수 있을 것이다.

2장은 주식시장에 대한 깊이 있는 통찰을 제공한다. IR담당자의 시각으로 기업과 주식시장이 어떻게 맞물려 돌아가는지를 해석하며, 복잡한 시장 구조 속에서 길을 찾는 방법을 다룬다. 기업 내부 요인뿐만 아니라 외부 요인이 기업 가치에 미치는 영향을 분석하고, 이를 기반으로 새로운 관점을 제시한다.

마지막으로, 3장은 직무와 관련된 개인적인 스토리를 중심으로 한다. IR담당자로서의 현실적인 고민과 성취, 그리고 직무를 수행하며 얻은 교훈을 솔직하게 나누고자 한다. IR이라는 역할이 기업과 시장을 연결하며 기업의 성장을 돕는 중요한 축이라는 점을 다양한 경험을 통해 전달한다.

IR의 본질은 기업의 진정한 가치를 파악하고, 이를 투자자들에게 신뢰성 있게 전달하는 것이다. 기업의 성격이나 상황에 따라 다소 차이는 있겠지만, IR담당자가 가져야 할 기본적인 마인드와 접근법은 변하지 않는다.

부족할지 모르겠지만, 독자분들이 이 책을 통해 주식시장에서 더 나은 결정을 내릴 수 있는 통찰을 얻길 바란다.

이종현

추천의 글

이 책의 추천 글을 써주신 분들은 내가 IR이라는 길을 걸으며 만난 특별한 인연들이다. 회사 생활에서 함께 목표를 이루기 위해 노력했던 존경하는 대표님들, IR 업무를 하며 많은 것을 가르쳐 주신 소중한 멘토, 그리고 업계에서 서로 응원하며 성장해 온 동료 같은 형님, 누나, 친구, 동생들이다.

이분들과 함께하면서 IR이라는 일에 대해 많은 것을 배웠고, 그 과정에서 얻은 진솔한 경험을 나눌 수 있었다. 이 추천의 글들이 각기 다른 시선에서 IR의 역할과 의미를 비춰주기를 바란다. 이 속에 담긴 이야기들이 IR을 이해하고 새로운 시각을 여는 데 작은 단서가 되길 기대한다.

김영부 큐알티 대표이사
품질보증과 마케팅 분야의 전문가 출신 경영자

이 책은 실무 경험에서 체득한 통찰을 바탕으로 주식시장의 본질과 투자 전략을 명쾌하게 풀어냈습니다. 실질적인 조언과 유용한 지침은 초보 투자자부터 전문가까지 큰 도움이 될 것입니다. 깊은 인사이트를 제공하는 책으로 자신 있게 추천해 드립니다.

최두원 하이비젼시스템 대표이사
비전검사 응용부문 업계 최고 엔지니어 출신 경영자

저자 이종헌은 당사에서 IR팀장으로서 가장 오래 근무한, 소위 이 바닥의 전문가입니다. 반면, 저는 평생을 엔지니어 쪽에 더 가까운 길을 걷고 있는 엔지니어형 경영자입니다.

저는 IR의 본질은 더도 덜도 말고 거울처럼 그 본질의 모습을 투자자들에게 정확하게 보여주고 알리는 데 있다고 믿는데, 저자 또한 저와 함께 일하면서 그것에 공감하면서 일관되게 일해왔습니다. 물론 정확하게 보여준다는 것이 두서없이 그때그때 정제 없이 전달한다는 것은 아닐 것입니다. 저자가 역설하는 바와 같이 충분한 고민과 다방면의 검토, 그리고 적절한 수단을 동원해야 합니다. 지켜져야 할 기업비밀에 누가 되면 안 되고 다양한 투자자들의 성향도 고려하면서 정리된 자료와 확인된 정보 그리고 적합한 설명이 뒤따라야 비로소 그 기업을 오해 없이 정확하게 보여주기 시작합니다.

제가 기업의 내부 경영과 외부 영업에 집중할 수 있었던 까닭은 저자와 같이 회사의 정책에 대한 공감을 가진 유능하고 훌륭한 IR팀장이 있었기 때문입니다. IR도 결국 사람이 하는 것입니다. IR 업무는 통제되고 관리되어야 하는 것은 맞지만, 그것을 책임지고 있는 사람의 열정과 성향까지는 아닙니다.

아무리 세밀한 지침 매뉴얼이 구비되어 있다고 해도 다양한 상황과 수많은 부류의 사람을 만났을 때마다 지침은 불가능한 것이고 전적으로 IR담당자에 의존할 수밖에 없는 경우가 허다합니다.

애덤 스미스의 보이지 않는 손의 이론이 IR에도 적용될 수 있다고 생각하는데 기업의 정책과 방향, 본질가치를 이해한 IR 담당자는 자유롭게 스스로를 통제하면서 IR을 펼칠 수 있어야 진정한 IR이 가능하다고 믿습니다.

IR담당자도 사람이라고 이 책에서 역설한 저자의 말에 공감하면서, 회사는 IR담당자와의 소통과 전적인 신뢰를 바탕으로 관리와 통제만으로는 극복할 수 없는 영역에서 그 가치를 증명할 것이라고 확신합니다.

《IR을 알려 DREAM》이라는 책 제목처럼 저자가 경험한 것들을 총망라해서 다양한 해결책을 제시해 주고 깊게 빠져들 만큼 공감을 주었던 좋은 책으로 기억될 것 같습니다.

정점규 젠바디 대표이사
한국체외진단기기협회(KIVDA) 초대 회장, 젠바디 창업주

다년간 제가 경험한 본 책의 저자는 IR 업무에 있어 창의적으로 책임감 있게 매사에 적극적으로 임하였습니다. 때문에, 그동안 여러 회사를 성공적으로 IPO하면서 다양한 지식과 노하

우를 쌓을 수 있었고, 이 경험치들을 실무적인 관점에서 본 저서로 집필하였습니다. 기업의 IR 업무에 관심이 있는 분들이나 IPO를 준비하는 기업, 그 담당자들에게는 반드시 읽어봐야 할 필독서로 생각이 됩니다.

원주영 신영자산운용 주식운용본부장
25년간 한 직장에서 주식운용에 매진해 온 자산운용 전문가

IR에 대해서 누구나 이해할 수 있도록 쉽고 간결하게 잘 작성되어 있는 책입니다. 이 책은 앞으로 IR 업무를 시작하는 사람들에게는 좋은 가이드가 되어줄 것이고, 주식 투자자들에게는 IR 업무를 이해할 수 있는 좋은 가교 역할을 해줄 것입니다. 주식운용을 하는 동안 수많은 주식에 관한 서적을 읽어보았는데 이 책을 2025년 반드시 읽어보아야 할 책으로 추천합니다.

이건규 르네상스자산운용 대표이사
《워런 버핏 익스프레스》,《투자자의 가치》의 저자

기관 투자자로서 생각하는 IR의 역할은 투자자들로 하여금 기업의 이해도를 높여 주가의 mis-pricing 요소를 최대한 줄이고, 주가 변동성을 낮출 수 있도록 보조해 주는 것입니다. 이 책에 나온 IR의 기본원칙을 이해하고 따른다면 이 역할을 충분히 해줄 수 있을 것으로 기대합니다.

박원재 LG전자 상무
베스트 애널리스트 경험을 바탕으로 IR 업무를 담당하고 있는 전문가

전 세계 모두가 위기라고 얘기합니다. 대한민국은 더욱 심각한 상황이라고 합니다. 비약적인 발전을 해오던 대한민국이 위기를 넘어 한 단계 도약하기 위해서는 자본시장의 도움이 필요합니다. 국민들의 부를 늘리고, 부동산 등으로 쏠린 불균형 문

제를 해결하려면 더더욱 그렇습니다.

정당한 가치를 찾기 위해 서로를 이해하는 과정이 필수적입니다. 그 과정을 수행하는 것이 IR이라고 생각합니다. 필자는 IR 업무를 오래 해왔습니다. 이 책을 통해 본인의 경험을 풀어 놓았습니다. 자본시장 발전에, 대한민국 저평가 해소에 도움이 되리라 믿습니다.

박종선 유진투자증권
중소형주 최장기 분석 애널리스트 출신, 국내 중소형주 및 IPO업계 산증인

기업 가치는 회사 대표이사의 그릇만큼은 물론, IR담당자의 역할만큼 커진다고 생각합니다. 제가 이종헌 저자를 만나게 된 것은 2017년 하이비젼시스템의 IR담당자였을 때로 기억합니다. 그때 당시 여의도 투자자 및 애널리스트와 적극적인 소통을 하면서 수년간 함께했던 것을 기억합니다. 당시 저자가 항상 주장하던 게 있었습니다. IR은 회사의 가치를 기반으로 일관성, 진정성을 가지고 꾸준하게 소통해야 한다는 것이었습니다.

저자는 이러한 IR을 추구함으로써 주가 상승은 물론 기업 가치 상승에 기여했다고 판단합니다. 저자가 그동안의 경험과 노하우를 담아놓은 이 책이 많은 사람들에게 큰 도움이 될 것으로 생각합니다.

윤혁진 SK증권 기업분석부 부서장
애널리스트와 펀드매니저로 20년간 여의도에서 활동 중인 전문가

 인지적 격차! 기업체 IR담당자, 애널리스트, 펀드매니저 들과 수천 번의 미팅을 하면서 가장 많이 느꼈던 감정입니다.
 IR담당자는 기업의 경영자, 회사 구성원들과 투자자 간의 인지적 격차를 줄여줄 수 있는 유일한 통로이며, 올바른 투자를 위한 길잡이를 해줄 수 있는 사람입니다.
 올바른 IR은 상장사의 의무라 생각합니다. 상장이란 통로를 통해서 자금을 조달했고, 언제든지 자본시장을 통해서 자금을 조달할 수 있기 때문에 IR 담당을 둬서 시장과 소통하는 것이 필요합니다. 차입금에 이자 지급의 의무가 있듯이 주식시장에

도 IR이라는 의무가 있습니다.

우수한 IR은 기업의 시가총액을, 특히 스몰캡 기업의 경우 20~30%가량 높게 유지시켜 줄 수 있으며, 주가 변동폭도 많이 낮춰줄 수 있습니다. 많은 IR담당자와 기업 관계자들이 이 책을 보시고 IR의 필요성과 방법에 대해서 도움을 받았으면 좋겠습니다.

손세훈 NH투자증권 투자정보부장
2006년부터 스몰캡 기업분석에 전념해 온 전문가, 저자와 오랜 친구

저는 오랫동안 스몰캡 기업분석을 하면서 수많은 대표이사와 IR담당자를 만나봤습니다. 만나본 대표이사 중에서는 회사 실적이 좋아지면 자연스레 주가가 오른다는 분도 계셨고, IR담당자가 왜 필요하냐며 IR이 부수적인 업무라고 생각하는 분도 많았습니다.

그런데 실적이 좋아졌다고 알아서 주가가 오른다면 '저평가 기업'이라는 말이 왜 나오겠습니까? 결국, 회사와 주식시장이

소통이 안 되기 때문이고, 그 소통을 하는 업무가 바로 IR인 것입니다.

몇몇 IR담당자들은 주가가 오른다고 해서 본인한테 좋은 게 없으니 굳이 열심히 할 필요가 없다고도 합니다. 하지만 분명한 것은 대표이사가 IR의 중요도를 알게 된다면 IR담당자에 대한 대우도 달라질 것이라는 점입니다.

IR은 회사의 얼굴입니다. 회사의 얼굴이기 때문에 IR은 중요하고 IR담당자는 책임감을 가져야 합니다. 이 책을 보면 IR 업무가 왜 중요한지를 알 수가 있습니다. IR담당자가 반드시 해야 할 업무에 대한 내용이 자세히 담겨있습니다. 제가 오랫동안 느낀 바로는 IR은 전문직입니다. 그냥 회계, 인사, 총무 하던 사람들이 부수적으로 맡을 수 있는 업무가 아닙니다.

이 책을 통해 기존의 IR담당자들이 자부심을 가졌으면 좋겠고, IR이라는 전문직을 꿈꾸고 지원하는 사람이 많아지기를 바랍니다. 특히, IR담당자의 고충과 중요도를 알기 위해 상장사, 비상장사 구분할 것 없이 모든 기업 대표이사분들이 이 책을 필독서로 꼭 한번 읽어보시길 바랍니다.

이동헌 신한투자증권 리서치본부 소재산업재 파트장
조선/방산/기계 분야 베스트 애널리스트

애널리스트 입장에서 IR담당자는 기업과 소통하는 가장 가까운 접점입니다. IR담당자의 능력치는 기업의 가치에 직접적으로 연결됩니다. 매년 수십 개의 기업이 상장되며, 양질의 IR 전문가를 구하는 것은 기업의 큰 숙제가 되었습니다. 이 책은 IR을 고민하는 모든 기업과 실무자에게 IR 업계에서 산전수전 다 겪은 전문가가 들려주는 가장 현실적인 지침서로 자리매김할 것입니다.

김영건 미래에셋증권 반도체 담당 애널리스트
반도체 산업에 대한 깊은 분석과 통찰로 인정받는 전문가

저자는 업계 최고의 IR 전문가입니다. 그와 소통을 해보면 그 효율과 체계에 감동하며, IR 프레젠테이션을 들으면 참 명료

하고 단단하다는 인상을 받습니다. 소속 기업뿐만 아니라 다양한 산업군, 그리고 자본시장에 대한 깊은 이해까지 뒷받침되었기 때문이라고 판단합니다.

저자는 풍부한 경험을 통해 득한 직업적 통찰과 노하우, 그리고 투자처로서의 기업을 보는 진솔한 관점을 이 책에 담았습니다.

IR 소통 효율을 높이려는 전문 투자자, 투자처를 발굴하고자 하는 개인 투자자, IR 전문가를 구인하는 기업체와 희망하는 구직자, 그리고 전문성을 배가하고자 하는 현직 IR담당자 모두가 참고할 만한 내용이라 확신합니다.

임진우 하나증권 차장
한경스타워즈 왕중왕전 우승자

저는 회사의 IR을 투자할 때 중요한 요소로 보고 있습니다. IR은 기업과 투자자의 소통 창구이며 투자에 있어서 굉장히 중요한 요소이나, 그동안 이를 제대로 해석할 방법이 없었는데 실무를 오래 경험하신 저자의 깊은 내공을 담았기에 이 책은 많은 투자자에게 큰 도움을 줄 것입니다. 모든 독자분들이 이 책을 통해 투자할 때 IR의 가치와 해석 방법에 대해서 한 번 더 이해하였으면 좋겠습니다.

김경민 한국IR협의회 애널리스트
2020년 매경 베스트 애널리스트 반도체·장비 부문 1위

IR담당자의 시각으로 풀어낸 주식시장의 깊이 있는 통찰이 담긴 책.

20년 동안 8개의 다양한 산업에서 IR 실무를 담당한 저자의 경험이 이 책에 오롯이 담겨있습니다. IR, PR, 공시라는 기업 커뮤니케이션의 세 축을 균형 있게 다루면서도, 실무자의 관점에서 바라본 생생한 이야기는 이 책만의 특별한 가치입니다.

특히 중견기업 IR담당자의 입장에서 풀어낸 현실적인 고민과 해법은, 같은 길을 걷고 있는 동료들에게 실질적인 도움이 될 것입니다. '잡부'라 불리는 중견기업 IR담당자들의 고충을

이해하고, 그 속에서 의미 있는 역할을 찾아가는 과정은 깊은 공감을 불러일으킵니다.

　이 책은 단순한 실무 가이드를 넘어 주식시장의 본질을 꿰뚫는 통찰도 제공합니다. '상장은 목표가 아니라 과정이어야 한다', '대표님의 그릇만큼 기업 가치는 커진다'와 같은 저자의 메시지는 기업과 시장을 바라보는 새로운 시각을 제시합니다.

　무엇보다 이 책의 가장 큰 미덕은 IR이라는 전문 직무를 다루면서도, 인간적인 공감과 따뜻함을 놓치지 않았다는 점입니다. 20년간의 실무 경험을 바탕으로 한 조언들은 신뢰감이 느껴지고, 동료들과의 교류를 통해 얻은 깨달음은 진정성이 묻어납니다.

　IR담당자는 물론, 기업의 가치에 관심 있는 모든 분들에게 이 책을 추천합니다. 주식시장이라는 복잡한 생태계를 이해하고, 기업과 투자자 사이의 건강한 관계를 고민하는 데 유익한 안내서가 될 것입니다.

진성훈 코스닥협회 연구정책그룹 그룹장
회사법 법학박사로 상장사 정책 연구에 주력하는 실무 전문가

먼저, 이러한 실무 중심의 책이 시중에 나온다는 걸 매우 환영합니다. IR담당자의 어려움을 토로하는 글이 아닌, 이론과 실무를 겸비한 IR담당자에게 매우 유익한 책이 될 수 있으리라 확신합니다. 코스닥협회에 25년 동안 몸담으면서 하지 못했던, 아니 할 수 없었던 이야기를 이종헌 저자의 거침없는 화법으로 풀어낸 이 책을 보면서 매우 속 시원하다는 생각을 감출 수 없었습니다. 가능하다면 2편도 기대해 봅니다.

이관배 IR큐더스 이사
지금까지 400여 개 기업에 대해 IR 컨설팅을 진행해 온 전문가

IR의 진정한 가치와 역할을 깨닫게 해줄 따뜻한 나침반.

이 책은 IR의 역할과 가치를 새롭게 조명하며, 실무적인 가

이드부터 주식시장에 대한 통찰, 그리고 저자의 진솔한 경험을 통해 독자에게 깊은 이해와 실질적인 도움을 제공합니다. IR담당자뿐만 아니라 기업과 시장에 관심 있는 모든 이들에게 따뜻한 영감을 전하는 필독서입니다.

1장

실무 가이드
: IR의 현실적인 도전과 해결 방안

1장은 IR 실무에 초점을 맞추지만, 그 내용은 IR담당자뿐 아니라 애널리스트, 기관 투자자, 개인 투자자 등 주식시장에 관심 있는 이들에게도 유용할 것이다. IR담당자는 매일 다양한 현실적 문제들 속에서 기업의 재무 정보 제공, 경영진과 투자자 간의 커뮤니케이션, 주주총회와 같은 중요한 이벤트까지 폭넓은 역할을 수행한다. 무엇보다, IR의 핵심 역할은 주식시장에서 기업이 올바르게 평가받을 수 있도록 돕는 것이다.

이 장에서는 IR 실무에서 발생하는 다양한 상황과 문제를 해결하는 과정을 구체적인 사례로 설명하며, IR담당자의 관점에서 주식시장을 바라보는 새로운 시각을 제시한다. 이 과정을 통해 주식시장에 관심 있는 이들은 IR담당자가 어떤 방식으로 기업 가치를 전달하고 평가받는지를 이해하고, 이를 자신만의 투자 판단에 참고할 수 있을 것이다.

1.

IR의
기본원칙과 접근

IR담당자는 세 부류다

IR은 기업과 투자자를 연결하는 중요한 역할을 하지만, 이 역할의 성격은 기업의 규모와 환경에 따라 크게 달라진다. 한계기업, 대기업, 중견기업의 IR담당자는 서로 다른 도전 과제와 목표를 가지고 있다. 이 차이를 이해하는 것은 IR이라는 업무의 본질을 더 깊이 이해하는 데 도움이 된다. 특히 내가 속해 있는 중견기업 IR담당자의 현실은 대기업이나 한계기업과는 또 다른 독특한 이야기를 만들어 낸다. 이 첫 번째 주제에서는 IR담당자의 역할을 기업의 규모에 따라 나누고, 이 책에서 중점적으로 다룰 이야기를 자연스럽게 소개하려 한다.

먼저 한계기업의 IR담당자를 떠올려 보자. 한계기업은 기술력이나 비즈니스 모델이 시장에서 자리 잡지 못했거나, 기존 비즈니스가 변화하는 환경에 적응하지 못해 자금 투입 없이는 생존이 어려운 경우가 많다. 이곳에서 IR담당자는 말 그대로 기업의 생존을 책임지는 역할을 한다. 투자자를 설득해 자금을 유치하는 것이 이들의 가장 중요한 임무다. 매 순간 투자자를 만나 치열하게 설득하고, 그들의 신뢰를 얻기 위해 끊임없이 노력해야 한다. 나는 이들을 '투자자금 유치의 달인'이라 부르고 싶다.

반대로, 대기업에서의 IR은 안정적이고 세련된 환경에서 이루어진다. 대기업은 업무가 세분화되어 있어 IR 본연의 역할에 더 집중할 수 있다. 글로벌 IR 기회도 많아 국제무대에서 전문성을 키울 수 있는 좋은 환경을 제공한다. 대기업 IR담당자는 방대한 자원을 활용해 투자자들과 소통하며, 정교한 방식으로 기업의 비전을 전달한다. 한계기업의 IR담당자가 투자자의 신뢰를 얻기 위해 치열하게 노력한다면, 대기업의 IR담당자는 이미 쌓아둔 신뢰를 바탕으로 더 깊이 있는 논의를 이어가는 데 중점을 둔다.

내가 속해있는 중견기업의 IR담당자를 살펴보자. 중견기업은 대기업과 한계기업의 중간 어딘가에 위치하며, 대기업 계열사가 아니면서도 자생력을 가진 시가총액 5천억 원 이하의 기업을 말한다. 이곳에서 IR담당자는 단순히 IR만을 맡지 않는다.

공시, PR, 경영기획, 이사회 및 주주총회 운영 등 여러 업무를 한두 명이 소화해야 한다. 그래서 가끔 나는 중견기업의 IR담당자를 '잡부'라고 부르기도 한다. 너무 많은 역할을 맡다 보면 스스로 그렇게 느껴질 때가 있기 때문이다.

하지만 달리 말하면, 중견기업의 IR담당자는 제너럴리스트다. 기업 내 여러 활동을 깊이 이해하고, 이를 바탕으로 투자자들과 소통한다. 중요한 의사결정 과정에 참여하면서 기업의 이야기를 진정성 있게 전달하고, 투자자 신뢰를 쌓아간다. 다양한 부서와 협력해야 하고, 때로는 리소스 부족 속에서도 창의적인 방법으로 IR 업무를 수행해야 한다.

이 책에서 다루고자 하는 이야기의 중심은 바로 중견기업 IR담당자의 현실이다. 그러나 다른 부류의 IR담당자들에 대한 이야기도 완전히 배제하지는 않을 것이다. 어떤 기업이든 IR담당자의 본질적인 역할은 동일하다. 기업의 가치를 정확히 전달하고, 투자자와 신뢰를 쌓는 것. 이 과정에서 나타나는 차이점과 공통점은 IR을 이해하는 데 큰 도움을 줄 것이다.

IR, PR, 공시… 뭐가 다르지

IR(Investor Relations, 투자자 관계)에 대한 실무적인 이야기를 본격적으로 다루기 전에, PR(Public Relations, 홍보)과 공시(Disclosure)의 차이와 관계를 먼저 살펴볼 필요가 있다. 이 세 가지는 각각 다른 목적과 대상을 가지고 있지만, 궁극적으로 기업의 신뢰를 쌓고 유지하는 데 중요한 역할을 한다.

이 책에서 주로 다룰 내용은 IR 중심의 이야기지만, IR을 제대로 이해하려면 PR과 공시의 개념을 함께 알아두는 것이 유용하다. 왜냐하면, 세 가지는 각기 다른 역할을 맡으면서도 기업의 대외 커뮤니케이션에서 서로 긴밀히 연결되어 있기 때문이다.

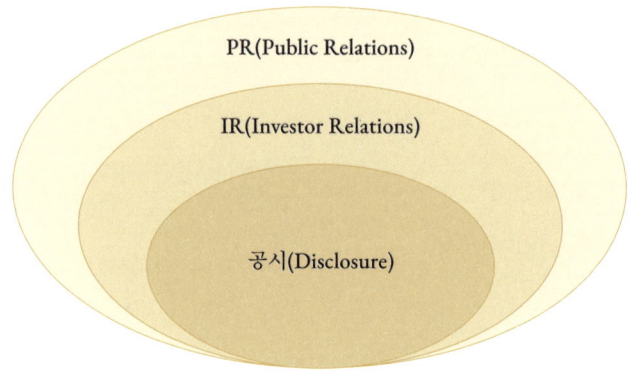

[그림1] 대상의 범위에 따른 PR, IR, 공시 구분

우선 대상을 기준으로 보면, PR이 가장 넓은 범위를 차지하며, 그 안에 IR이 있고, IR 안에 공시가 포함되는 구조다.

PR은 불특정 다수를 대상으로 한다. 기업의 제품이나 이미지, 특정 이슈 그리고 브랜드 가치를 홍보하는 역할을 한다. PR을 통해 기업은 대중적인 이미지를 형성하고 관리하며, 여기에는 소비자, 미디어, 사회 전반이 포함된다. 결국, PR은 기업과 세상이 만나는 접점이라 할 수 있다. 기업이 대중과 소통하는 모든 부분이 PR을 통해 이루어진다고 보면 된다.

반면, IR은 보다 특정한 대상을 중심으로 한다. 바로 현재 투자자와 잠재적인 투자자들이다. 기업의 재무 정보와 경영 전략을 전달하여 투자자들이 기업을 이해하고, 장기적으로 신뢰할 수 있도록 돕는 것이 IR의 핵심 역할이다. 이를 통해 투자자들은 기업의 성장 가능성을 파악하고, 이를 바탕으로 투자 결정을 내리게 된다.

IR은 기업 입장에서 매우 중요한 가치를 가진다. IR을 통해 기업은 자신의 가치를 공정하게 평가받고, 자금 조달을 원활하게 할 수 있다. 나아가, 공정한 평가로 인해 자본 조달 비용도 줄일 수 있다. 또한, IR은 기업 이미지 개선에도 기여한다. 투자자들과의 신뢰 관계를 바탕으로, 시장에서 긍정적인 평가를 받는 것이 가능해지기 때문이다.

그 안에 포함된 공시는 IR의 중요한 부분이다. 공시는 투자자들에게 법적으로 반드시 제공해야 하는 정보를 의미하며, 규제기관에서 요구하는 정보를 시기적절하게 공개하는 것이 필수다. 이는 선택이 아닌 의무사항으로, 기업의 투명성과 신뢰성을 유지하는 데 있어 중요한 역할을 한다. 공시는 기업이 시장에서 신뢰를 얻고, 법적 요건을 충족하기 위해 반드시 지켜야 하는 절차다.

결국, PR은 가장 넓은 범위에서 기업의 이미지를 관리하고, 그 안에 투자자들과의 관계를 다루는 IR이 있으며, 그중에서도 공시는 법적 의무로 반드시 공개해야 하는 정보를 제공하는 중요한 부분을 차지한다. 각각의 역할이 다르지만, 이 세 가지는 기업의 대외 커뮤니케이션을 이루는 중요한 축으로 서로 긴밀히 연결되어 있다.

내부 IR이 먼저다

기업의 진정한 가치를 파악하는 일은 IR담당자의 핵심 역할 중 하나다. 그리고 그 가치를 파악하는 첫걸음은 내부 커뮤니케이션에서 시작된다. 왜냐하면, 결국 투자자들에게 전달해야 할 내용의 원천 소스는 기업 내부에 있기 때문이다. 내부에서 얻은 정보와 소통을 통해 기업이 가진 진정한 가치를 먼저 이해해야, 그 이후에 투자자들에게 신뢰성 있게 전달할 수 있다.

내부 IR이 중요한 이유는 명확하다. 기업의 진정한 가치는 경영진을 비롯해 R&D, 영업, 생산 등 각 부서에 숨어있다. 나는 새로운 회사로 이직할 때, 주요 경영진뿐만 아니라 각 부서의 핵심 인력들과 자연스럽게 친해지려고 노력한다. 그들의 이야기를 들어야 기업에 대한 깊이 있는 이해를 얻을 수 있기 때문이다. 기업 자료에 드러나지 않는 숨은 이야기들이 여기에 담겨있기 마련이다.

또한, 경영진에게서 얻은 정보는 그대로 받아들이지 않고, 반드시 관련 부서와 더블체크하는 과정을 거친다. 경영진이 전달하는 정보는 종종 정제된 내용만 담겨있을 가능성이 크기 때문에, 실제 상황과 맞지 않거나 지나치게 긍정적인 면만 반영될 수 있다. 따라서 현실적인 판단을 내리기 위해서는 더블체크가 필수적이다.

각 부서에서 정보를 얻다 보면 이를 어떻게 활용할지 자연스럽게 감이 잡히게 된다. 예를 들어, R&D 부서에서 글로벌 시장에 첫 번째로 출시될 제품에 대한 이야기를 들으면, 그 출시 시점에 맞춰 보도자료를 준비해야겠다고 생각한다. 또, 영업 부서에서 큰 계약이 곧 체결될 것이라는 소식을 들으면, 그 계약이 전년도 매출의 10% 이상을 차지할 것으로 판단하고 '단일판매·공급계약체결' 공시를 미리 준비하게 된다.

이처럼 내부의 이야기를 듣고 이해하는 과정을 통해 IR적으로 어떻게 활용할지 정리가 될 뿐만 아니라, IR 스토리도 지속적으로 업데이트할 수 있다. 누군가에게 두서없이 이야기하기보다는 전체적인 스토리라인을 생각하고 내용을 전달해야 한다. 그래야 듣는 사람도 혼란 없이 이해할 수 있다. 따라서 IR

스토리는 필수적으로 만들어 두는 것이 좋다. 또한, IR 스토리는 30분, 10분, 5분 등 주어진 시간에 맞춰 핵심 내용을 빠짐없이 전달할 수 있도록 다양한 버전으로 준비해야 한다.

그러나 내부에서 얻은 정보를 정제 없이 IR 스토리에 모두 담을 수는 없다. 고객사 NDA(Non-Disclosure Agreement) 위반이나 공정공시 위반 등의 문제가 발생할 수 있기 때문이다. 그렇기 때문에, 모든 이야기를 외부에 그대로 전달하는 것이 아닌, 선별적으로 중요한 부분만을 투자자들에게 전달해야 한다. 기업 전체의 모습을 제대로 파악하지 못한 채 단편적인 정보만으로 설명하는 것은 마치 코끼리의 다리만 보고 코끼리 전체를 설명하는 것과 같다. 내부에서 얻은 정보를 신중하게 선별하고, 상황에 맞게 효과적으로 전달하는 것이 IR 스토리의 핵심이다.

내부 IR의 또 다른 중요한 역할은 외부 정보를 내부에 전달하는 것이다. 내부 IR은 단순히 내부 정보를 외부에 전달하는 것에 그치지 않고, 외부에서 받은 피드백을 다시 내부에 공유하는 역할도 포함된다. 외부 투자자들이 기업을 어떻게 평가하는지, 신제품에 대한 반응이 어떤지, 매출 하락에 대한 시선 등이 내부에 전달되면, 기업은 이에 맞춰 전략을 세울 수 있다. 결국, IR담당자는 내부의 이야기를 외부에 전달하고, 외부의 피드백을 다시 내부에 전달하는 중요한 중간 역할을 맡고 있는 셈이다. 이것이 바로 진정한 내부 IR이다.

대상이 원하는 말을 해야 한다

앞서 '내부 IR이 먼저다'에서 이야기했듯이, IR담당자가 투자자들에게 전달해야 할 핵심적인 내용은 기업 내부에서 나온 원천 소스다. 이를 활용해 IR 스토리를 구성하는 것이 중요하다. 참고로, 한국IR협의회, 한국상장사협의회, 코스닥협회 등 상장사에 도움을 주는 여러 협회에서는 기업설명회, 해외로드쇼, 소규모 미팅, 일대일 미팅 등 다양한 IR Tools의 준비 방법을 잘 정리한 자료들을 발간하고 있다. 그래서 이번 주제에서는 IR Tools 자체에 대한 논의는 배제하고, IR 스토리를 누구에게 어떻게 말해야 하는지에 초점을 맞춰보려고 한다.

현재 한국의 코스피(KOSPI)와 코스닥(KOSDAQ)에는 약 2,300개 이상의 기업이 상장되어 있다. 그만큼 많은 기업들이 투자자들에게 자신들의 가치를 효과적으로 전달하기 위해 노력하고 있다. 하지만 모든 기업이 똑같은 방식으로 말한다면, 그 이야기가 과연 투자자들에게 강렬하게 각인될 수 있을까? 결국, 대상에 맞는 전략이 필요하다.

IR에서 중요한 대상은 크게 세 그룹으로 나눌 수 있다. 첫 번째는 리포트를 작성하는 애널리스트, 두 번째는 실제로 주식을 매수하는 기관 투자자, 그리고 세 번째는 개인 주주들이다. 이들에게 어떻게 접근해야 할까?

먼저, 애널리스트는 기업의 정보를 분석해 리포트를 작성하는 사람이다. 기업 탐방이나 전화 인터뷰를 통해 수집한 정보를 바탕으로 보고서를 발간한다. 시가총액이 낮은 기업은 스몰캡 애널리스트가, 시가총액이 높은 기업은 해당 산업의 섹터 애널리스트가 담당한다. 애널리스트는 가능한 한 많은 정보를 수집하려 하기 때문에, IR 스토리의 가장 긴 버전으로 모든 핵심 내용을 전달해야 한다. 부가적인 정보도 최대한 제공해, 애널리스트가 기업 전체를 이해할 수 있도록 돕는 것이 중요하다. 코끼리의 다리만 보고 코끼리를 설명하는 오류를 피하려면, 애널리스트에게 충분한 정보를 제공해야 한다.

기관 투자자는 다른 방식으로 접근해야 한다. 기관 투자자는 주식을 실제로 매수하는 사람들이다. 이들에게는 '왜 이 기업의 주식을 사야 하는지'를 명확하고 간결하게 설명해야 한다. 수많은 상장사 중에서 왜 우리 기업에 투자해야 하는지 그 이유를 두괄식으로 제시하고, 이에 부연 설명을 덧붙여야 한다. 매수의 이유를 간결하면서도 임팩트 있게 정리하는 것이 핵심이다. 기관 투자자와의 미팅은 길지 않아도 된다. 핵심을 짧고 굵게 전달하는 것이 중요하다.

개인 투자자의 경우는 조금 다른 접근이 필요하다. 이들은 기업 탐방보다는 주가 변동에 따른 문의를 주로 한다. 주가가 급등하거나 급락할 때, 개인 투자자들은 그 원인을 묻는 전화를 많이 걸어온다. 일부 개인 투자자는 IR담당자를 하소연의 대상으로 삼거나 감정적으로 반응할 수 있다. 이럴 때는 따뜻하게 대응해야 한다. 흔히 '내가 사서 오르면 우량주, 떨어지면 잡주'라는 농담처럼, 많은 개인 투자자들이 기업의 본질적인 가치보다 주가 변동에 더 민감하다. 따라서 감정적으로 접근하는 개인 투자자들을 잘 달래고, 그들의 불안감을 해소하는 것이 IR담당자의 중요한 역할이기도 하다.

정리하자면, 애널리스트에게는 준비한 IR 스토리의 가장 긴 버전을 제공하고, 기관 투자자에게는 간결하고 임팩트 있게 핵심적인 매수 이유를 전달하며, 개인 투자자에게는 따뜻한 말로

위로와 정보를 제공해야 한다. 주가가 오를 때 감사 인사를 전하는 개인 투자자는 거의 없지만, 위로와 설명을 요청하는 경우는 많다.

추가적으로, 애널리스트, 기관 투자자, 주요 개인 투자자와의 만남은 모두 기록해 두는 것이 좋다. 만남의 일자, 미팅에서 다룬 내용, 특이점 등을 리스트업하면, 다음 만남에서 대화를 더 자연스럽게 이어갈 수 있다. 또한, 애널리스트가 발간한 보고서나 기관 투자자의 매수 활동도 꾸준히 모니터링하며 업데이트하는 것이 IR담당자로서 필수적인 일이다.

말은 기술이 아니라 준비된 진정성이다

앞서 '대상이 원하는 말을 해야 한다'에서는 애널리스트, 기관 투자자, 개인 투자자별로 IR 스토리를 어떻게 맞춤형으로 준비하고 전달할지 살펴보았다. 이번 주제는 이를 한 단계 더 심화하는 과정이다. 사실, 조리 있게 말하는 데 필요한 특별한 기술이나 비법은 없다고 생각한다. 만약 그런 비법을 기대했다면 미안하지만, 내가 믿는 것은 철저히 준비된 IR 스토리와 그 안에 담긴 진정성뿐이다.

IR 스토리를 준비할 때 가장 중요한 것은 내부 커뮤니케이션을 통해 충분히 정보를 수집하고 이를 바탕으로 견고하게 준비하는 것이다. 이 과정에서 기업의 진정성을 바탕으로 한 IR 스토리가 완성된다고 믿는다.

IR담당자와 애널리스트 또는 기관 투자자가 일대일 미팅을 처음 가질 때는 서로 묘한 신경전과 눈치 싸움이 벌어지기도 한다. 애널리스트와 기관 투자자 입장에서는 IR담당자가 기업에 대해 얼마나 깊이 알고 있는지 의문을 가질 수 있고, IR담당자 역시 상대가 기업에 대한 이해를 충분히 하고 있는지 살피게 된다. 이때 IR담당자가 탄탄한 IR 스토리를 준비했다면 이는 내부 커뮤니케이션이 원활하게 이루어졌고, 기업에 대한 깊이 있는 이해를 바탕으로 하고 있다는 증거가 된다. 준비가 잘 되어 있으면 이러한 눈치 싸움도 자연스럽게 해소되며, 미팅은 양측이 더욱 의미 있는 대화를 나누는 시간으로 발전하게 된다.

처음 만나는 애널리스트나 기관 투자자는 IR담당자의 준비성과 지식을 금방 알아차린다. 반면 IR담당자 입장에서도, 제대로 준비 없이 미팅에 참석한 상대는 실망스럽다. 가끔 애널리스트가 "여의도 바닥에 귀사 얘기가 많이 나와서 한 번 와봤습니다. 제가 기업에 대해 잘 모르니 설명부터 부탁드립니다"라는 식의 무성의한 태도를 보이기도 한다. 이런 만남은 실질적인 정보나 신뢰를 쌓기 어렵다. 양쪽 모두가 철저히 준비해야 시간 낭비 없이 의미 있는 미팅을 할 수 있다.

일대일 미팅이 상대와 깊이 있는 소통과 신뢰 형성에 중요하다면, 소규모 미팅에서는 또 다른 방식의 준비가 필요하다. 소규모 미팅은 대체로 애널리스트나 기관 투자자 여러 명이 한 자리에 모이는 것으로, 각자 궁금한 영역이 다를 수 있다. 이때는 준비된 IR 스토리의 약 20분 버전으로 간략하게 설명을 진행하고, 이후 Q&A를 통해 미팅 시간을 채우는 것이 효율적이다.

또한, 일대일 미팅이든 소규모 미팅이든 예상치 못한 질문이 나온다면, 미팅 후 내부에서 검토한 뒤 빠르게 회신하는 것이 신뢰 형성에 도움이 된다. 예상하지 못한 질문은 종종 IR담당자의 준비 부족 때문이 아니라, 내공 있는 애널리스트나 기관 투자자가 기업의 허를 찌르는 질문을 던진 경우가 많다. 이럴 때는 당황하지 말고 미팅 후 내부 검토를 거친 뒤 메일이나 유선으로 답변을 전달하길 권한다. 이때 회신은 가급적 24시간 이내에 하는 것이 좋다. 신속한 회신은 신뢰와 진정성을 쌓는 데 큰 도움이 되며, 이후 지속적인 미팅으로 이어지는 계기가 된다.

마지막으로, 개인 투자자에게도 준비된 진정성으로 말할 것을 권한다. 개인 투자자들은 애널리스트나 기관 투자자에 비해 기업 정보에 대한 접근이 제한적일 수 있다. 이들에게 이해하기 쉬운 정보를 제공하려는 IR담당자의 노력이 중요하다. 이를 위해 온라인 Q&A 세션을 마련하거나 기업 웹사이트의 IR자료를 정비해 두는 것도 좋은 방법이다.

결국, 진정성을 갖춘 준비된 태도는 상대방에게 신뢰를 주고, IR담당자와 기업에 대한 긍정적인 인상을 남긴다. 말은 기술이 아니라, 철저히 준비된 진정성에서 비롯된다는 사실을 기억하자.

2.

전략적 IR 커뮤니케이션

IR은 일관성이다

IR에서 가장 중요한 원칙 중 하나는 일관성이다. 실적이 좋을 때만 발표하고, 실적이 나쁠 때는 발표하지 않는 기업들이 종종 있다. 그러나 IR이 제대로 기능하려면 실적 발표는 항상 일관되게 진행되어야 한다. 실적이 좋으면 좋은 이유를, 실적이 나쁘면 그 이유를 솔직하게 풀어내는 것이 IR의 본분이다. 이러한 일관성은 기업의 신뢰와 직결되며, 장기적으로 기업의 가치 평가에 큰 영향을 미친다.

일관성 없는 실적 발표는 투자자들이 기업의 정보를 왜곡되게 이해할 위험을 키운다. 이를테면, 분기 실적이 좋을 때만 발표하면 투자자들은 기업이 실적을 선택적으로 공개한다고 여기게 되며, 이는 곧 신뢰 저하로 이어질 수밖에 없다. IR이란 좋은 시기든 어려운 시기든 한결같이 정보를 제공하는 것이다.

그렇게 함으로써 투자자들은 기업의 현재 상황과 향후 가능성을 정확히 이해할 수 있다. 특히 실적이 좋지 않을 때도 솔직하게 발표하는 것은 기업의 신뢰도를 높이는 중요한 계기가 된다.

실적 발표는 보통 '영업(잠정)실적(공정공시)' 공시를 통해 이루어진다. 기업은 전자공시시스템(http://dart.fss.or.kr)에 실적 공시가 정확히 게시되었는지 확인한 후, 투자자들에게 준비한 보도자료를 배포한다. 공시가 숫자 위주의 내용이라면, 보도자료에는 해당 숫자의 배경 설명을 추가해 중립적이고 객관적인 어조로 전달할 필요가 있다. 실적이 좋다면 긍정적인 요인을, 실적이 나쁘다면 그 원인과 향후 계획을 투명하게 밝히는 것이 핵심이다.

일관성을 유지하는 실적 발표는 기업의 장기적 신뢰 구축에 큰 힘이 된다. 예를 들어, 일관된 IR 활동을 통해 주요 기관 투자자들은 기업에 대한 이해를 깊이 쌓고, 장기 주주로서 기업의 성장을 응원하는 역할을 하게 된다. 시간이 지남에 따라 이러한 투자자들은 우호지분의 성격을 띠게 되며, 주주총회 등 중요한 결정의 순간에도 기업의 방향성에 동참해 주는 든든한 지원군이 된다. 이는 단순히 정보를 제공하는 것을 넘어, 기업의 안정성과 지속 가능성에 대한 신뢰를 투자자들에게 심어주는 중요한 계기가 된다.

보도자료 배포 후에는 IR자료를 기업 웹사이트에 업로드해 모든 투자자들이 접근할 수 있도록 해야 한다. 이는 기업이 정보를 숨기지 않고, 이해관계자들과 공정하게 소통한다는 신뢰의 표현이기도 하다. 보도자료와 IR자료를 개인 투자자들에게 공유하는 것과 함께, 미팅을 가졌던 애널리스트와 기관 투자자들에게는 메일로 보도자료, IR자료, 팩트시트 등을 공유하면서 실적에 대한 추가적인 견해를 전달한다. 특히 커버 애널리스트와는 유선 연락을 통해 기업분석 리포트 업데이트에 반영될 세부사항을 설명하는 것도 중요하다. 이러한 대화는 기업과 시장 전문가들 간의 신뢰 관계를 공고히 하는 데 중요한 역할을 한다.

또한, 실적 발표 당일에는 개인 투자자들의 문의도 끊임없이 들어오므로 이에 대한 신속하고 명확한 대응이 필요하다. 이는 기업의 대응 능력을 평가받는 중요한 순간이기도 하다. 실적 발표 날은 그야말로 IR담당자에게 정신없이 바쁜 하루가 될 수밖에 없다.

실적 발표 다음 날, 애널리스트의 리포트가 업데이트되면 해당 애널리스트와 함께 NDR(Non-Deal Roadshow)을 하루 이틀 동안 진행하며 기관 투자자들과 대면 미팅을 갖는다. NDR은 주식을 매각하거나 거래하는 목적이 없는 기업 설명회로, 기업이 장기적으로 추구하는 목표와 비전을 투자자들에게 깊이 있게 설명할 수 있는 자리다. 이 시간 동안 IR담당자는 기업의 실적 배경, 주요 이슈, 향후 전략 등을 보다 자유롭고 비공식적으로 소통할 수 있으며, 이를 통해 기관 투자자와의 신뢰를 쌓는 중요한 기회로 활용할 수 있다. NDR 일정은 사전에 협의한 뒤, '기업설명회(IR)개최' 공시로 외부에 알리는 것이 바람직하다.

한편, 대기업의 경우에는 규모에 맞는 방식으로 IR 활동이 이루어진다. 국내외 주요 투자자들을 대상으로 별도의 콘퍼런스를 열어 발표를 진행하는 것이 일반적이며, 다양한 규모와 투자자층에 맞는 소통 방식을 활용한다. 이와 달리, 중견기업 IR담당자로서 내가 열거한 실적 발표 방법들은 중견기업에 적합한 접근 방식이다. 기업의 규모에 따른 이런 차이를 이해하고 실무에 적용하는 것이야말로 효과적인 IR 활동을 구축하는 데 중요한 요소가 된다.

이렇게 일관된 IR 활동으로 기업은 더 많은 투자자들에게 신뢰를 줄 수 있고, 이는 기업의 가치에 긍정적인 영향을 미친다.

신문물에 대한 도전은 아름답다

　세상은 빠르게 변하고, 새로운 소통 채널들이 등장하면서 IR의 방식도 점점 다채로워지고 있다. 이제는 전통적인 방법뿐만 아니라 텔레그램 메신저, 링크드인, 유튜브와 같은 플랫폼을 적극적으로 활용하여 IR 채널을 확장하는 것이 효과적인 시대다. 이렇듯 신문물에 대한 도전은 IR을 강화하는 아름다운 도전이라 할 수 있다.

　텔레그램 메신저는 주식 투자자들 사이에서 자주 사용되는 대표적인 플랫폼이다. 이곳에 기업의 IR 전용 채널을 개설해 업종의 산업 뉴스, 실적 발표 공시자료, 배포한 보도자료 등을 빠르게 전달한다면, 투자자들은 손쉽게 기업의 최신 정보를 확인할 수 있게 된다. 텔레그램 메신저의 가장 큰 장점은 실시간 정보 전달에 있으며, 투자자들에게 중요한 뉴스와 자료를 빠르게 전달함으로써 기업에 대한 신뢰를 높일 수 있다. 또한, 텔레그램의 알림 기능은 투자자들이 중요한 정보를 놓치지 않도록 도와준다. 텔레그램의 익명성과 그룹 참여 가능성 덕분에 다수의 투자자들이 동시에 접근할 수 있다는 점도 강점이다.

링크드인 역시 IR 확장을 위한 유용한 채널로, 특히 해외 투자자들과의 연결을 강화하는 데 탁월한 플랫폼이다. 링크드인은 글로벌 네트워크와의 소통을 통해 신뢰도를 높일 수 있는 최적의 장을 제공하며, 기업 뉴스, 투자자 리포트, 기업의 비전 등을 손쉽게 공유할 수 있다. 링크드인에서는 다른 기업 관계자나 투자 전문가들이 게시물에 의견을 남길 수 있어, IR 정보를 중심으로 다양한 피드백과 토론이 이루어진다. 링크드인을 활용하면 단순히 정보를 전달하는 데 그치지 않고, 전문가들과의 지속적인 소통을 통해 신뢰와 브랜드 가치를 구축할 수 있다. 이는 전 세계 다양한 이해관계자들과 장기적인 관계를 형성하고, 기업의 브랜드 이미지를 강화하는 데 매우 적합한 플랫폼이다.

유튜브는 현재 대한민국에서 가장 많이 사용하는 앱 중 하나로, 모든 연령대에서 활발히 사용되고 있다. IR 활동에서 유튜브의 파급력과 영향력을 적극적으로 활용할 수 있는 가능성을 보여주는 대목이다. 전통적인 IR 방식 중 하나가 애널리스트의 기업분석 리포트를 통해 기업을 알리는 것이라면, 유튜브는 훨씬 더 큰 파급 효과를 낼 수 있다. 인기 있는 유튜브 채널에 기업이 직접 출연해 기업을 소개하거나 인터뷰를 진행한다면, 단시간에 많은 사람들에게 기업을 알릴 수 있는 효과적인 방법이 된다. 직접 출연이 어렵다면, 기업을 커버하는 애널리스트가 유튜브에 출연해 기업을 설명하도록 하는 것도 좋은 대안이다.

또한, 기업 자체에서 주요 행사나 경영진 인터뷰, 사업 성과 등을 유튜브 콘텐츠로 제작하여 공유하는 것은 IR 활동을 위한 훌륭한 방법이다. 이러한 영상 콘텐츠는 시각적이고 직관적이어서 복잡한 자료보다 쉽게 이해되고, 기업에 대한 긍정적 이미지를 형성하는 데도 효과적이다. 투자자들이 실시간으로 댓글을 남기거나 의견을 공유함으로써 커뮤니티를 형성하는 것도 가능하다. 유튜브는 단순히 영상을 업로드하는 플랫폼을 넘어, 기업의 이야기를 효과적으로 전달할 수 있는 강력한 도구로 자리 잡았다.

한편, 이메일 기반의 뉴스레터는 신문물이라고 할 수는 없지만 여전히 IR 소통에서 효과적인 수단이다. 뉴스레터를 통해 정기적으로 기업 소식, 분기별 실적 요약, 투자자 메시지를 전달하면, 투자자와의 신뢰를 강화하는 데 큰 도움이 된다. 아직 뉴스레터를 도입하지 않은 기업이라면 IR 강화를 위해 이를 고려해 보는 것이 좋다.

이처럼 변화하는 미디어 환경에서 새로운 소통 방식을 적극적으로 활용하는 것은 IR담당자에게 또 다른 도전이자 기회다. 신문물에 대한 도전은 단순한 시도가 아니라, 기업과 투자자가 더욱 가깝게 소통할 수 있는 미래형 IR 방식의 시작이다.

새로운 정책에는 최대한 느긋이 대응하자

 2019년 9월, '주식·사채 등의 전자등록에 관한 법률'이 시행되면서 한국의 모든 상장사 주식이 실물증권에서 전자증권으로 전환되었다. 이는 법률로 강제된 정책이었기에 기업들이 대응을 미룰 수는 없었다. 그러나 강제성이 없는 새로운 정책에 대해서는 최대한 느긋하게 대응하는 것이 더 나은 접근일 수 있다.

 물론, 새로운 정책에 빠르게 대응하는 것이 때로는 이익이 될 수 있다. 하지만 많은 경우, 빠른 대응이 리스크를 수반할 수 있다는 점에서 천천히 적응하는 편이 더 안전하다. 정책이 시행되더라도 기업에 미치는 실질적인 효과는 서서히 나타나는 경우가 많다. 따라서 정책의 효과와 부작용을 충분히 살피며 점진적으로 적응하는 방식은 단기적인 혼란을 줄이고 안정성을 유지하면서 필요한 변화를 수용할 기회를 제공한다.

최근 상법 개정과 2023년 초 추진된 주주명부 폐쇄일 정책은 기업들의 배당 정책 변화가 어떻게 이루어지는지 잘 보여주는 사례다. 상법 개정으로 배당 절차가 개선되면서, 주주들이 배당 기록일과 배당액 결정일을 미리 알 수 있도록 한 변화는 주주 친화적인 투자 환경을 조성하는 데 초점이 맞춰졌다. 그러나 정관 변경과 주주총회 특별결의가 필요해 기업들은 시간이 소요될 수밖에 없었고, 주주총회 안건의 과다로 인해 즉각적인 변경은 어려운 경우가 많았다.

또한, 2023년 초의 주주명부 폐쇄일 정책은 배당 관련 불확실성을 줄여 예측 가능한 투자 환경을 조성하려는 취지였지만, 강제 규정이 아닌 권장사항에 머물렀다. 기업들은 배당 정책 변화가 중요함을 인식하면서도, 예상치 못한 비용과 기존 운영 방식 조정의 필요성 등을 이유로 신중히 접근하며 점진적으로 적응하는 전략을 택했다. 이는 기업들이 변화의 필요성을 받아들이는 동시에 리스크를 최소화하려는 전략이었다.

아주 오래된 사례이긴 하지만, 2011년 국제회계기준(IFRS) 도입 당시에도 비슷한 대응 방식이 나타났다. IFRS는 기업 재무제표의 투명성을 높이고 국제 경쟁력을 강화하기 위해 도입

되었지만, 초기에는 예상보다 큰 비용 부담과 복잡성이 뒤따랐다. 많은 기업이 곧바로 적응하지 않고 점진적으로 변화를 도입함으로써 리스크를 줄이는 방향을 택했다. 결과적으로, 이러한 방식은 새로운 회계 기준에 대한 적응력을 높이고 운영 효율성을 함께 도모하는 데 도움이 되었다.

　이처럼 강제성이 없는 새로운 정책에 대해 기업들이 신중하게 접근하는 것은 단기적인 리스크를 줄이고 장기적인 안정성을 확보하는 데 효과적이다. 모든 기업이 일률적으로 정책을 빠르게 도입하는 것보다는 각자의 상황에 맞춰 천천히, 안정적으로 적응하는 것이 더 유리한 경우가 많다는 점을 보여준다.

공시는 기업 중심을 지향해야 한다

첫 번째 섹션에서 지금까지 IR 실무에 중점을 두고 이야기를 전개해 왔다. IR담당자의 구분과 IR, PR, 공시의 차이를 다루면서 IR 중심으로 이야기를 풀어갔지만, 이제는 본격적으로 공시에 관해 이야기해 보려고 한다. 그 시작으로, '공시는 기업 중심을 지향해야 한다'는 전제를 먼저 깔아두고자 한다.

일반적으로 '공시'라 하면 투자자들에게 법적으로 반드시 제공해야 하는 정보를 의미한다. 이는 규제기관이 요구하는 양식과 시기에 맞춰야 하며, 기업의 투명성과 신뢰성을 높이는 데 필수적인 절차다. 규제기관은 기업이 핵심 정보를 기한에 맞춰 공개함으로써 투자자들이 합리적인 판단을 내릴 수 있도록 하고자 한다. 그 결과, 투자자들은 정보를 기반으로 주식 매수·매도를 결정하고, 기업은 시장에서 신뢰를 쌓게 된다.

그런데 '공시는 기업 중심을 지향해야 한다'고 하면 다소 의외로 들릴 수도 있다. 공시의 기본은 규제 준수이지만, 실무자에게는 기업 상황에 맞춘 유연한 접근도 중요하다. 공시는 단순한 절차적 의무가 아니라, 기업의 전략적 선택과 장기적 성과에 영향을 미치는 중요한 수단이기 때문이다. 공시가 기업에 도움이 되고, 나아가 기업의 주인인 주주들에게도 유리하게 작용해야 한다는 점에서 이러한 접근이 필요하다.

규제를 벗어나지 않으면서도 기업에 유리한 방식으로 공시를 진행할 수 있는 실무자라면 진정한 고수라고 부를 수 있다. 한 가지 예를 들어보자. 어느 기업이 새로운 사업 진출을 위해 공장을 신축한다고 가정할 때, 신축 투자 금액이 전년도 말 기준 자기자본의 10% 이상이라면 '신규 시설 투자 등' 항목으로 공시가 의무화된다. 만약 기업이 이를 공개하는 데 거부감이 없다면, 공시한 후 이를 IR 스토리와 연계해 외부 소통의 주요 내용으로 삼으면 된다. 공시된 내용을 바탕으로 기업의 새로운 도약을 투자자들에게 효과적으로 전달함으로써 긍정적인 반응을 기대할 수 있다.

그러나 고객사의 요청이나 신규 사업 경쟁사의 민감한 반응이 예상되어 공시가 부담스러운 경우에는 어떻게 해야 할까?

간단하다. 공시를 피할 방법을 찾으면 된다. 이는 기업이 불법적인 절차를 밟지 않으면서도 경쟁력을 유지하기 위한 전략적 접근의 일환이기도 하다. 공장 신축에 필요한 전체 금액은 보통 시공사와의 계약 금액을 기준으로 한다. 그런데 시공사가 모든 작업을 맡기기보다는 토목 공사, 건축, 인테리어 등을 개별 계약으로 나누어 진행할 때가 많다. 이런 경우 전체 공사 금액을 몇 개의 개별 계약으로 분할해 각각 자기자본의 10% 미만이 되도록 조정할 수 있다면, 단일 공시 의무를 피할 수 있다.

이 과정에서 이사회의 승인 등 합법적인 절차는 철저히 지켜야 한다. 설령 규제기관이 개별 계약들이 왜 쪼개졌는지 의문을 제기하더라도, 기업이 이 계약들을 하나의 단일 계약으로 단정 지을 근거를 찾기는 어렵다. 실무자 입장에서는 기업의 상황과 전략에 맞게 공시를 유연하게 적용할 수 있는 역량이 중요하며, 이는 기업이 경쟁력을 유지하는 데 실질적인 도움이 될 수 있다.

결국, 중요한 요지는 공시가 필요할 때, 기업 입장에서 그것이 유리한지 아닌지를 먼저 검토하고, 법적 규제를 준수하는 범위 내에서 공시를 피할 수 있는 방법을 찾는 것이다. 공시는 단순한 의무를 넘어, 기업과 주주의 장기적인 이익을 위한 필수 요소임을 명심할 필요가 있다.

3.

실무적 도전과
해결 방안

내 잘못은 아니지만, 객관적 자료로 용서를 구하다

공시를 담당하다 보면, 내 잘못은 아니지만 규제기관에 용서를 구해야 하는 상황이 발생할 때가 있다. 이는 악의적인 공시 번복이나 의도적 누락이 아닌, 상황적 한계와 외부 요인에 의해 어쩔 수 없이 발생하는 경우다. 이런 상황에서 객관적 자료를 바탕으로 소명하면 규제기관의 신뢰를 유지하고 제재를 피할 수 있는 길이 열린다.

2008년, 한 코스닥 상장 기업의 대표이사가 경제일간지 기자와 인터뷰를 진행한 일이 있었다. 인터뷰는 창업 과정과 주력 제품의 개발 배경 같은 주제로 시작되었지만, 대화가 이어지면서 기자는 기업의 차년도 실적 전망에 대해 물었다. 인터뷰 전에 나는 대표이사에게 공정공시 규정을 준수해야 한다는 점을 강조했고, 실제로 대표이사도 추가적인 정보를 제공하지 않았다.

문제는 인터뷰 이후에도 기자의 추가 문의가 이어졌다는 것이다. 대표이사는 비공식적으로 개인적인 소견을 전달하면서 구체적인 수치는 기사화하지 말아 달라고 요청했지만, 기자는 이를 인터뷰의 연장선으로 해석했다. 결국, 다음 날 조간신문에 예상 실적 수치가 보완된 기사가 실리면서 문제가 커졌다.

이에 한국거래소는 공시와 관련된 규정을 위반한 것 아니냐며 해명을 요구했다. 나는 소명서를 통해 "공정공시 이전에는 실적 관련 발언을 삼가겠다"는 회사의 의지를 명확히 전달하며, 추가로 공정공시를 통해 시장에 정확한 정보를 공개했다. 이 과정에서 규제기관은 우리의 해명을 받아들였고, 제재 조치를 받지 않았다.

2019년에도 비슷한 상황이 벌어졌다. 한 장비 제조 기업이 대규모 해외 공급계약을 체결하며 '단일판매·공급계약 체결' 공시를 진행했는데, 계약 상대방의 재정 악화와 생산 계획 변경으로 인해 계약 이행률이 최초 금액의 50%에도 미치지 못하는 상황이 발생했다.

계약 체결 당시에는 모든 조건이 정상적으로 보였지만, 이후 고객사의 경영 환경이 급격히 악화되면서 계약 기간이 연거푸

연기되고 금액도 축소되었다. 결국, 한국거래소는 공시 내용과 실제 진행 상황 간의 차이에 대해 소명을 요구했다. 나는 계약 지연과 축소의 원인이 고객사의 재정적 어려움과 시장 환경 변화에 있음을 객관적 자료로 설명했고, 결과적으로 제재를 받지 않았다.

이 두 가지 사례는 공시 담당자로서 철저히 준비하더라도, 외부 요인으로 인해 예상치 못한 문제가 생길 수 있음을 보여준다. 하지만 중요한 점은, 이런 상황에서도 객관적 자료를 기반으로 규제기관에 해명하면 문제를 해결할 수 있다는 것이다.

한국거래소는 공시 위반에 대해 엄격한 제재를 부과하지만, 악의적인 의도가 없고 정당한 사유가 뒷받침되는 경우에는 유연하게 접근한다. 공시를 악용하거나 규정을 의도적으로 위반한 기업은 벌점, 제재금, 매매거래 정지 등 처벌을 피할 수 없지만, 상황적 한계와 외부 요인으로 인한 문제는 객관적 자료와 명확한 해명을 통해 해결할 수 있다.

공시는 단순히 규제를 준수하는 의무가 아니다. 공시 담당자는 기업의 투명성과 신뢰를 지키는 최전선에 서 있는 사람들이다. 예상치 못한 상황에서도 자료를 철저히 준비하고, 규정 준수의 중요성을 인식하며 대처한다면, 규제기관의 신뢰를 유지할 수 있다. 공시는 기업과 시장을 연결하는 중요한 다리라는 점을 명심해야 한다.

실적 전망 공시, 할까 말까

　기업들이 투자자들에게 영업실적 전망을 제공할 때 가장 많이 활용하는 방법 중 하나가 '영업실적 등에 대한 전망(공정공시)' 공시다. 이 공시는 기업이 예상 영업실적을 공개함으로써, 투자자들이 기업의 미래 실적을 충분히 파악할 수 있도록 돕는 중요한 소통 수단이다. 실적 전망 공시는 법적으로 요구되는 공정공시 규정을 따르는 절차로, 투자자 보호와 시장 신뢰 확보를 위한 역할을 한다. 이는 투자자들에게 기업의 재무 상태와 경영 성과를 파악할 중요한 정보로 작용하지만, 모든 기업이 반드시 진행해야 하는 것은 아니다.

　실적 전망 공시는 투자자들에게 중요한 정보를 제공하는 동시에, 기업의 신뢰성을 결정짓는 요인이 될 수 있다. 그러나 긍정적인 효과만큼이나 리스크도 따르기 때문에, 많은 기업이 신중하게 접근할 수밖에 없다. 결론적으로, 실적 전망 공시는 특정 조건에 해당할 때만 고려하는 것이 권장된다.

첫 번째로, 해당 기업을 커버하는 애널리스트가 단 한 명도 없는 경우다. 이러한 상황에서 실적이 개선될 확실한 요인이 있다면 공시를 진행할 것을 권장하고 싶다. 예를 들어, 신규 사업이 본격적으로 매출을 창출하거나, 전략적 인수를 통해 성장 동력을 확보하는 상황 등이 이에 해당한다. 실적 전망 공시는 단순히 긍정적인 소식을 발표하는 것 이상의 의미를 가진다. 한국거래소는 제시된 전망치에 대한 구체적인 근거를 요구하며, 실적 전망이 공시 기간 내에 얼마나 충실히 이행되었는지까지 검토한다. 따라서 실적이 개선될 가능성이 높을 때만 신중히 진행해야 한다.

두 번째로, 이미 애널리스트가 커버하고 있는 기업이라도 시장에 강력한 신호를 보내고자 하는 경우다. 실적 전망 공시는 법적 규제를 따르는 절차이기에, 주식시장에서 가장 신뢰할 수 있는 소통 수단으로 여겨진다. 예를 들어, 기업이 중요한 경영 성과를 보일 확신이 있거나, 중요한 변화가 예상되는 경우, 공시를 통해 시장과의 신뢰 관계를 더욱 강화할 수 있다. 이는 기업의 성과에 대한 긍정적인 신호로 작용해 투자자들에게 강력한 메시지를 전달하는 효과가 있다.

반대로, 이 두 가지 상황에 해당하지 않는 기업들은 실적 전망 공시를 자제하는 것이 좋다. 공시된 전망치가 기대에 미치지 못하면 시장의 반응은 예상을 훨씬 뛰어넘어 부정적으로 나타날 수 있기 때문이다. 기업이 제시한 전망을 충족하지 못하면 신뢰가 흔들릴 수 있으며, 반대로 전망이 지나치게 낮으면 시장에서 실망감이 나올 수도 있다. 이러한 리스크를 피하기 위해서라도, 기업 스스로 실적 전망치를 제시하기보다는 커버 애널리스트들과의 소통을 통해 이들이 분석한 내용을 바탕으로 시장 가이던스를 형성하는 편이 더욱 효과적일 수 있다.

따라서 실적 전망 공시는 신중히 결정해야 하는 문제다. 기업의 상황에 따라 공시 여부를 판단하고, 공시가 필요할 경우에는 한국거래소의 규정을 준수하면서 명확한 근거를 바탕으로 충분히 준비된 내용을 공개하는 것이 중요하다. 이렇게 하면 투자자들과의 신뢰를 강화하면서도, 기업과 주주의 가치를 보호하는 현명한 선택이 될 것이다.

자사주 매수하면 주가가 오르나

 자사주 매수가 주가를 올릴 것이라고 기대하는 투자자들이 많지만, 실제로 자사주 매수가 주가 상승으로 이어지는 경우는 제한적이다. 자사주 매수는 기업이 "우리 기업이 저평가되었다"는 신호를 시장에 보내는 효과적인 방법이지만, 단지 자사주를 매수한다고 해서 주가가 자동으로 오르는 것은 아니다. 자사주 매수는 상법에 따라 배당 가능 이익 한도 내에서만 진행될 수 있으며, 기업 역시 주주처럼 자산을 들여 주식을 매입하는 만큼 신중한 결정을 요구한다.

 상법 제341조에 따르면, 기업은 직전 사업연도 결산을 기준으로 순자산액에서 법정준비금을 제외한 배당 가능 이익 한도 내에서만 자사주를 매수할 수 있다. 이와 더불어 자사주 매수를 결정할 때는 이사회에서 매수 목적, 주식의 종류, 취득 금액과 기간 등을 명확히 설정해야 한다. 이는 자사주 매수에 자율성을 허용하면서도, 일정한 규제를 통해 주주와 기업 간 신뢰를 유지하기 위한 안전장치 역할을 한다.

자사주 매수는 유통 주식 수를 줄이는 효과가 있어 주가에 긍정적인 영향을 미칠 수 있다. 특히 기업이 급성장이 예상되거나 명확한 성장 동력을 확보하고 있는 경우, 자사주 매수는 주가 상승을 촉진하는 촉매제로 작용할 가능성이 크다. 그러나 성장 동력이 뚜렷하지 않은 상황에서는 자사주 매수가 주가에 미치는 영향이 제한적일 수밖에 없다. 자사주 매수로 인해 기업이 자산을 소모하게 되면, 그 자산이 장기 성장 동력을 위한 투자에 쓰이지 않는다는 점에서 오히려 리스크가 될 수 있다. 자사주 매수 후 주가가 하락할 경우, 자금을 효과적으로 사용하지 못했다는 비판을 받을 수 있으며, 자사주 매수로 인해 장기적인 사업 투자나 재정적 유연성에 제약이 생길 수 있다.

자사주 매수 방식에는 크게 두 가지가 있다. 첫 번째는 '자기주식 취득 결정' 공시 방식이다. 이 방식은 예정된 금액을 모두 자사주 매수에 사용하는 강제성이 있어, 투자자들에게 보다 명확한 매수 신호로 받아들여진다. 두 번째 방식은 '자기주식 취득 신탁계약 체결 결정'으로, 자사주 매수를 위한 신탁 계약을 체결하는 방식이다. 이 경우 실제로 자사주를 매수해야 할 강제성은 없다. 투자자들은 이 두 공시의 차이를 이해하고 각기 다른 대응을 해야 한다.

또한, 두 공시 방식 모두 매수 전날 증권사를 통해 다음 날의 매수 계획을 한국거래소에 통보해야 하며, 예고된 매수 주문은 반드시 넣어야 한다. 그러나 신탁 계약 방식의 경우 강제적으로 매수할 필요는 없으므로, 실제 매수 여부는 상황에 따라 달라질 수 있다. 이러한 차이점 때문에 자사주 매수는 단순히 주가 상승을 기대하기보다는 기업의 장기적 이익과 주주 가치를 고려한 전략적 접근이 필요한 사안이다.

종목명	구분	신청수량	신청회원사명	호가시기
BYC	신탁매수	1,000	신한투자증권	매매시간중
BYC우	신탁매수	1,000	신한투자증권	매매시간중
제일연마	신탁매수	10,000	NH투자	매매시간중
대한제당	신탁매수	50,000	NH투자	매매시간중
한국수출포장	신탁매수	10,000	미래에셋증권	매매시간중
피에스텍	직접매수	20,000	미래에셋증권	매매시간중
아세아제지	신탁매수	3,000	NH투자	매매시간중
신일전자	직접매수	50,000	HI증권	매매시간중
삼영	직접매수	30,000	삼성증권	매매시간중
대한화섬	직접매수	1,000	신한투자증권	매매시간중
남양유업	신탁매수	3,000	NH투자	매매시간중
삼진제약	신탁매수	30,000	미래에셋증권	매매시간중
삼영전자	신탁매수	50,000	삼성증권	매매시간중
삼성전자	직접매수	1,000,000	삼성증권	매매시간중
삼성전자우	직접매수	140,000	삼성증권	매매시간중
매일홀딩스	신탁매수	2,000	KB증권	매매시간중
NI스틸	직접매수	50,000	삼성증권	매매시간중
윌링	직접매수	10,000	유안타증권	매매시간중

[그림2] 증권사 HTS를 통해 확인 가능한 '자기주식 매매신청 내역'

결론적으로 자사주 매수는 기업의 가치를 회복하고 투자자들에게 신뢰를 줄 수 있는 효과적인 수단이지만, 무조건적인 주가 상승을 기대할 수 있는 방법은 아니다. 상법에 따른 엄격한 규제를 지키며 신중히 이루어지는 자사주 매수는 전략적 결정이므로, 투자자들 역시 이를 정확히 이해하고 신중하게 접근해야 한다.

자사주로 할 수 있는 것들은 꽤나 많다

앞서 '자사주 매수하면 주가가 오르나'에서 자사주 매수는 기업의 주가가 저평가 구간에 진입했다는 신호를 시장에 보내는 역할을 할 수 있지만, 매수 자체가 주가를 상승시키기는 어렵다는 점을 이야기했다. 이번에는 이렇게 매수한 자사주를 실제로 어떻게 활용할 수 있는지 살펴보려고 한다.

자사주는 단순히 주가 안정화를 위한 자산이 아니라, 기업이 재정적 유연성을 확보하거나 전략적 목표를 실현하는 데 유용하게 쓰일 수 있는 도구다. 주요 활용 방안을 보면 다음과 같다.

첫 번째는 우호 지분 확보에 활용하는 방법이다. 예를 들어, 금호석유화학은 2021년 경영권 분쟁 당시 OCI와 자사주를 맞교환하여 경영권 방어에 성공했다. 이 자사주 맞교환을 통해 금호석유화학은 우호 지분을 확보하며 경영권을 안정적으로 유지할 수 있었다. 자사주 맞교환 방식은 특히 M&A나 외부의 경영권 위협이 있을 때 파트너십을 공고히 하고 방어력을 높이는 데 효과적이다. 또한, 상법상 자사주 매수 한도가 없는 경우, 빠른 주식 매수를 통해 비슷한 효과를 기대하는 기업은 우호 관계에 있는 타 기업과 서로의 주식을 동일한 금액만큼 매수하는 방법을 택하기도 한다. 이는 과거 내가 재직했던 기업에서 실제로 활용한 방법이기도 하다.

다음은 교환사채(EB) 발행을 통한 자금 유동화 방법이다. 자사주를 담보로 교환사채를 발행하면 주식을 직접 매각하지 않고도 필요한 자금을 조달할 수 있다. 에코프로, 농심, 어보브반도체 등 여러 기업이 자사주 기반 교환사채 발행을 통해 운영 자금을 마련했다. 이 방식은 주식 가치를 희석시키지 않으면서도 자금을 확보할 수 있어, 유동성을 높이면서도 주주 가치를 유지하려는 기업들에게 유리하게 작용한다.

또한, 지주사 전환 시에도 자사주는 중요한 역할을 한다. 많은 기업들이 지주사로 전환하면서 인적분할을 통해 자사주를 활용했는데, 이를 통해 지주사로 전환된 신설 법인이 사업회사에 대한 지분을 자연스럽게 확보할 수 있었다. 이 자사주는 신설된 지주사에 승계되어 의결권이 부활했고, 이를 통해 별도의 비용 부담 없이 안정적인 지배력을 확보할 수 있었다. 현대중공업도 지주사 전환 과정에서 자사주를 각 자회사에 재배정하여 별도의 자금 투입 없이도 안정적인 지배력을 유지했다.

그러나 2024년 9월, 금융위원회의 시행령 개정으로 이러한 방식이 더는 허용되지 않게 되었다. 상장사의 인적분할과 같은 조직 재편 시 자사주에 신주를 배정하는 것이 금지된 것이다. 이는 대주주의 지배력 강화를 위한 '자사주 마법'을 차단하려는 취지다. 한국의 상속세 최고세율은 OECD 국가 중 가장 높은 수준인 최대 60%인데, 오너 일가가 기업의 장기적인 성장을 위해 지분율을 효과적으로 높일 수 있는 몇 안 되는 수단 중 하나가 제한되어 개인적으로는 아쉬움이 크다.

또한, 임직원 인센티브 지급에도 자사주를 활용할 수 있다. 자사주를 스톡옵션이나 성과급 형태로 지급함으로써 임직원의 동기를 높이고 기업 성과에 기여할 수 있다. 이 부분은 다음 주제에서 더 자세히 다룰 예정이다.

결국, 자사주는 단순히 매입한 자산이 아니다. 필요할 때 유동성을 확보하거나 전략적 목표를 실현하는 데 중요한 도구다. 기업은 자사주를 활용하여 장기적인 성장과 안정성을 동시에 추구할 수 있는 다양한 기회를 만들어 낼 수 있다.

주식매수선택권만이
 답은 아니다

임직원에게 동기를 부여하고 기업 성과에 대한 주인의식을 높이는 방법 중 하나로 주식매수선택권, 즉 스톡옵션이 흔히 사용된다. 스톡옵션은 일정 조건을 충족한 임직원이 기업의 주식을 특정 가격에 매수할 수 있도록 부여하는 제도로, 성과에 대한 보상과 기업의 성장에 대한 기대감을 반영하는 수단으로 자리 잡았다. 그러나 이 방식이 임직원 동기부여에 있어서 늘 최선의 답은 아닐 수 있다.

스톡옵션의 단점은 몇 가지 명확하다. 스톡옵션의 행사는 크게 신주교부, 자기주식교부, 차액보상 세 가지 방식이 있다. 이 중 신주교부와 자기주식교부는 스톡옵션 행사자가 매수 대금을 기업에 납입하고 주식을 취득해야 하기 때문에 임직원의 개인 재정 상황에 따라 부담이 될 수 있다. 반면, 차액보상 방식은 주식의 시가와 행사가액의 차액을 현금으로 지급받는 방식이므로 별도의 매수자금이 필요하지 않지만, 이 경우 기업의 현금 유출이 발생한다.

또한, 스톡옵션은 기업 주가가 일정 수준 이상 상승해야 실질적인 혜택을 기대할 수 있기 때문에 주가 변동성이 큰 경우 보상의 가치가 크게 달라질 수 있다. 이는 임직원이 장기적 관점보다는 단기적 성과에만 집중하게 만드는 부작용을 낳을 수 있다.

이러한 스톡옵션의 한계를 보완할 수 있는 대안으로 스톡그랜트와 RSU(Restricted Stock Unit)를 추천하고 싶다. 스톡그랜트는 자사주를 활용하여 특정 성과를 달성한 임직원에게 기업이 일정량의 주식을 무상으로 지급하는 제도다. 주식매수선택권과 달리 스톡그랜트는 임직원이 주식을 매입하기 위해 자금을 투입할 필요가 없고, 주가 변동에 따른 심리적 부담도 상대적으로 적다. 이는 임직원 입장에서 더욱 명확한 보상으로 인식될 수 있어, 기업에 대한 충성심과 성과를 높이는 데 효과적이다.

RSU는 또 다른 형태의 주식 기반 보상으로, 특정 조건(근속 기간, 성과 등)을 충족했을 때 임직원에게 주식을 부여하는 방식이다. RSU는 스톡옵션처럼 행사가격이 없고, 스톡그랜트처럼 자금을 투입할 필요가 없다는 점에서 임직원에게 부담을 덜어준다. 특히, 2024년 7월 10일부터 시행된 벤처기업법 개정을 통해 성과조건부 주식 제도가 도입되며 RSU의 법적 근거가 마련되었다. 이로써 RSU는 국내 기업에서도 보다 공식적인 보상 제도로 자리 잡을 수 있는 환경이 조성되었다.

스톡그랜트와 RSU의 특성을 비교하면 다음과 같다.

[표1] 스톡그랜트와 RSU의 특성 비교

구분	스톡그랜트	RSU
부여 조건	회사 정책에 따라 조건 설정 가능	근속, 성과 등 조건 충족 필요
소유권 이전	조건에 따라 달라짐 (즉시/1년 후 등)	조건 충족 후
임직원 부담	없음	없음
목적	단기적 보너스부터 유인까지 다양	장기적인 유인, 성과 보상

스톡그랜트와 RSU는 각각의 특성을 활용하여 기업의 목표에 맞는 전략적 도구로 사용할 수 있다. 스톡그랜트는 비교적 간단한 절차로 주식을 부여할 수 있어, 명확한 성과 보상과 장기 근속 유도에 적합하다. 주식을 부여할 대상자와 기간을 이사회에서 승인받고, 이후 공시 절차를 거쳐 자사주를 교부하면

된다. 이 과정에서 자금을 투입할 필요가 없어 임직원에게 부담이 적으며, 기업에 대한 주인의식을 고취하는 데 효과적이다.

반면, RSU는 근속 기간이나 성과 조건을 충족했을 때 주식을 부여하는 방식으로, 장기적인 동기 부여와 성과 향상을 목표로 한다. 스톡옵션처럼 행사가격이 없고, 주가 변동에 따른 부담이 적어 임직원에게 보다 명확한 보상을 제공한다. RSU는 핵심 인재의 유지를 장려하며, 장기적 관점에서 기업의 성과를 높이는 데 유용하다.

결과적으로, 기업은 스톡그랜트와 RSU의 특성을 잘 이해하고 목적에 맞게 활용할 필요가 있다. 단기적인 성과 보상과 근속 유도를 목표로 한다면 스톡그랜트가 적합하고, 장기적 성과와 동기 부여를 목표로 한다면 RSU가 더 효과적일 것이다.

결국, 주식매수선택권만이 유일한 답은 아니다. 스톡그랜트와 RSU는 기업이 임직원에게 명확한 보상을 제공하면서도 핵심 인재의 이탈을 방지하고 장기 성과를 높여 기업과 주주 모두의 이익을 증진시키는 전략적 도구로 활용될 수 있다.

우리사주 꼭 해야만 할까

우리사주는 임직원들에게 자사 주식을 매입할 기회를 제공하여 소속감과 주인의식을 고취하는 제도로, 기업과 임직원 모두에게 긍정적인 영향을 줄 수 있다. 주로 기업은 초기 단계에서 우리사주조합을 결성해 임직원들에게 소속감을 증대시키고 장기적인 동기부여를 제공한다. 이는 기업과 임직원이 함께 성장할 수 있는 토대를 마련하는 효과를 가져온다.

다만, 상장을 앞둔 시점에서 우리사주조합을 결성하는 경우는 조금 더 신중하게 고려해야 할 필요가 있다. 상장 진행 시 공모 물량의 20%를 우리사주조합에 우선 배정할 수 있는데, 이때 우리사주조합의 결성 목적이 공모 물량 배정에 있다면, 임직원들이 매입하는 우리사주가 공모가에 큰 영향을 받을 수 있다. 공모가는 기관 수요예측을 바탕으로 상장주관사와 협의해

결정되지만, 많은 공모자금을 확보하기 위해 높은 공모가를 설정하게 되면 임직원들은 이후 주가 변동에 따른 부담을 느낄 수 있다.

특히 우선 배정된 우리사주는 한국증권금융(우리사주조합의 주식 보관 및 운영을 지원하는 주요 기관)에 1년간 의무예탁되므로, 주가 변동성이 큰 상황에서 임직원 입장에서는 불안감을 가질 수 있다. 만약 공모가가 지나치게 높아 임직원들이 배정된 우리사주를 모두 소화하지 못할 경우, 미배정 물량은 기관이나 개인 투자자에게 재배정된다. 이 경우 '기업의 임직원도 외면한 주식'이라는 인식이 형성될 수 있어, 공모 흥행에도 부정적인 영향을 줄 리스크가 존재한다.

반면, 공모 흥행을 위해 공모가를 임직원과 투자자에게 유리하게 책정한다면, 우리사주 배정은 임직원들에게 긍정적으로 작용할 수 있다. 공모 청약에 참여한 기관 및 개인 투자자들 역시 만족할 수 있는 결과를 가져올 가능성이 크다. 하지만 기업 입장에서 우리사주가 부정적으로 작용할 수 있는 사례도 존재한다. 예를 들어, SK바이오사이언스의 경우 상장 당시 공모가가 낮게 책정되면서 우리사주조합이 큰 혜택을 본 바 있다. 상장 이후 주가가 급등하면서 일부 임직원들이 의무예탁 기간인

1년을 채우지 않고 퇴사를 택해 우리사주를 처분한 것이다. 우리사주는 임직원이 퇴사할 경우 의무예탁 기간이 남아있더라도 인출할 수 있기 때문에, 단기적인 차익 실현 수단으로 활용될 가능성이 생긴 것이다.

이러한 사례는 우리사주제도가 단기적인 차익 실현의 수단으로 오해될 가능성도 있기 때문에, 상장을 앞두고 우리사주조합을 결성할 때는 임직원의 장기적인 동기부여와 제도의 본래 취지를 신중히 고려할 필요가 있다.

한편, 우리사주제도는 단순히 공모를 위한 수단이 아니라 장기 근속을 유도하는 방식으로도 활용될 수 있다. 대표적인 사례로 대신증권은 2023년 9월, 우리사주조합을 통해 보유 중인 자사주 100만 주를 임직원들에게 무상으로 지급하기로 결정했다. 이 방식은 임직원이 유상으로 자사주를 취득하면 기업이 이에 대응해 추가로 자사주를 무상지급하는 형태로 진행되었으며, 임직원이 유상으로 취득한 주식은 1년 후부터 매도가 가능하지만, 무상으로 지급된 주식은 4년간의 의무예탁 기간을 두어 장기 근속을 유도했다. 대신증권의 이러한 조치는 임직원 사기 진작과 장기적인 동기부여를 위한 전략으로 긍정적인 평가를 받고 있다.

또한, 파미셀은 2023년 5월 김현수 대표가 개인적으로 보유한 기업 주식 1만 주를 우리사주조합에 무상출연하면서 임직원들과의 성과 공유를 더욱 강화했다. 이는 2020년부터 4년째 이어진 것으로, 현재까지 총 5만 주가 무상으로 출연되었으며, 이를 통해 임직원들의 주인의식과 장기 근속을 촉진하려는 노력이 돋보이는 사례다.

우리사주제도의 또 다른 장점은 세제 혜택이다. 우리사주조합에 출연된 자사주는 법적으로 일정 조건을 충족할 경우 세제 혜택을 받을 수 있어, 기업과 임직원 모두에게 재정적인 이점을 제공한다. 기업은 자사주 무상출연 시 비용 처리를 통해 법인세를 절감할 수 있으며, 임직원들은 주식을 보유하면서 배당소득을 누릴 수 있어 장기적으로 재정적인 보상을 받게 된다.

물론, 상장을 앞둔 시점에 우리사주조합을 결성하는 경우에는 신중한 접근이 필요하지만, 그 외의 상황에서 우리사주제도는 기업과 임직원 모두에게 다양한 이점을 제공하는 유용한 제도로 활용될 수 있다. 기업은 우리사주제도를 통해 핵심 인재들이 오랫동안 머물며 성과에 기여하도록 유도할 수 있으며, 이를 통해 기업과 주주 모두의 이익을 증진시키는 기반을 마련할 수 있다.

무상증자와 액면분할은 불쏘시개로 써야 한다

　무상증자와 액면분할은 모두 기업이 주식 수를 늘려 주가를 낮추고, 투자자들의 접근성을 높이는 방식이다. 이를 통해 주주들에게 긍정적인 신호를 주고, 주가 상승을 유도하려는 목적이 있다. 무상증자는 기업이 기존 주주들에게 무료로 추가 주식을 배정하여 자본금을 증가시키는 방식이며, 액면분할은 기존 주식을 여러 주로 쪼개 주당 가격을 낮추는 방식이다. 두 방식 모두 주주 지분 비율을 유지하지만, 무상증자는 자본금이 증가하는 반면, 액면분할은 자본금의 변동 없이 주식 수만 늘리는 점에서 차이가 있다.

　유상증자와 달리 무상증자와 액면분할은 외부 자본을 조달하지 않으므로 기존 주주들에게 추가 부담을 주지 않으면서도 투자자 접근성을 높이는 효과가 있다. 무상증자는 자본금을 증가시키면서도 주주들에게 부담을 주지 않으며, 액면분할은 주식 수 증가를 통한 유동성 확대와 투자 심리 개선 효과를 기대할 수 있다. 이러한 조치는 주가를 낮추어 더 많은 투자자가 주식 매입에 관심을 가지게 하고, 기존 주주들에게는 긍정적인 투자 심리를 제공할 수 있다.

두 방식 모두 투자자 심리에 긍정적인 영향을 미쳐, 유동성이 낮았던 종목도 주목받게 될 가능성이 있다. 하지만 이들 방식은 기업의 실질적인 자산이나 가치를 증가시키지 않기 때문에, 주가가 일시적으로 상승했다가 다시 하락하는 경우가 발생할 수도 있다. 특히 유통 주식 수가 많지 않은 기업이 갑작스럽게 무상증자나 액면분할을 공시할 경우, 주가는 단발성으로 상승 후 하락할 위험이 크다. 따라서 무상증자와 액면분할은 적절한 타이밍에 전략적으로 사용해야 효과를 극대화할 수 있다.

무상증자와 액면분할 결정 후 권리락일에는 주가가 증자 또는 분할 비율에 따라 조정된다. 예를 들어, 1:1 무상증자나 2:1 액면분할의 경우 권리락일에 주가가 절반으로 조정되며, 이로 인해 증권사 HTS나 MTS 화면에서 해당 기업의 시가총액이 일시적으로 줄어든 것처럼 보이는 착시효과가 발생한다. 이 착시효과는 신규 발행된 주식이 실제로 상장되어 거래되기 전까지,

즉 권리락일로부터 약 2주에서 4주 동안 지속된다.

이 착시효과 기간에 기업의 긍정적인 이슈가 발표된다면, 무상증자와 액면분할은 주가에 활력을 불어넣는 '불쏘시개' 역할을 제대로 할 수 있다. 예를 들어, 2021년 4월 삼성전자는 50:1 비율로 액면분할을 실시하여 주가를 낮추고 주식 접근성을 높이며 투자자들의 관심을 끌었다. 이로 인해 주가 상승은 물론, 신규 투자자 유입 효과도 거둘 수 있었다. 이처럼 적절한 타이밍의 무상증자와 액면분할은 단순히 주가 상승을 넘어서 기업 이미지를 제고하고 투자자들과의 신뢰를 강화하는 데 기여할 수 있다.

반면, 무상증자와 액면분할 카드를 잘못된 시점에 사용할 경우, 불쏘시개 역할을 제대로 하지 못할 가능성도 크다. 실적이나 외부 환경이 부정적인 시점에 무리하게 무상증자나 액면분할을 단행하면 투자자들에게 혼란을 주거나, 주가가 일시적으로 반짝 상승했다가 급격히 하락하는 리스크가 있다. 이는 장기 주주들에게 피해를 주고, 투자자들의 신뢰를 잃을 가능성을 높인다. 따라서 무상증자와 액면분할은 기업 상황과 시장 분위기를 충분히 고려한 후 신중히 활용해야 한다.

결론적으로, 무상증자와 액면분할 카드는 기업 실적이 확실히 좋아지거나, 긍정적인 시그널이 외부에 알려지는 시점에 전략적으로 사용하는 것이 효과적이다. 타이밍을 잘 맞춰 시행하면, 두 방식 모두 주가에 활력을 불어넣는 '불쏘시개' 역할을 제대로 할 수 있을 것이다.

주주총회는
허무하게 끝나야 한다

주주총회는 기업의 주주들이 모여 안건을 처리하는 기업의 최고 의사결정기구다. 정기주주총회는 매년 회계연도가 끝난 뒤 재무제표 승인, 임원 선임 등 중요한 안건을 다루며, 기업의 투명성을 주주들에게 보여줄 수 있는 자리다.

정기주주총회를 준비하면서 공시와 일정 관리에 대한 부분은 비교적 명확하다. 한국거래소 공시팀에서 정기 결산과 관련된 유의사항을 공지하고, 각 기업과 계약된 증권대행기관(예: 한국예탁결제원, 국민은행, 하나은행 등)에서 전체 일정을 정리해 주기 때문이다. 이 자료들을 참고하면 공시와 일정 관리는 큰 어려움 없이 진행할 수 있다.

정기주주총회가 성립하려면 의결정족수 확보가 가장 중요한데 예를 들어, 정관 변경, 자본금 감소, 합병, 분할, 중요한 영업 양도와 같은 특별결의사항은 출석 주주의 의결권 3분의 2 이상과 발행주식총수의 3분의 1 이상의 동의를 얻어야 한다. 반면, 재무제표 승인, 이사와 감사의 선임과 같은 보통결의사항은 출석 주주의 의결권 과반수와 발행주식총수의 4분의 1 이상의 동의가 필요하다.

대주주의 지분율이 높은 기업이라면 이런 과정이 크게 어렵지 않겠지만, 그렇지 않은 경우 의결권 확보를 위해 의결권 대행업체를 활용하며 적지 않은 비용을 감수해야 한다. 이는 기업이 의결권 확보에 얼마나 많은 노력을 기울이는지 보여주는 단면이다.

나의 경우, 분기말마다 주주명부를 확보해 분석하는데, 특히 6월말과 9월말 주주명부에 등재된 주요 주주들의 의결권 동향을 살핀다. 과거에는 연말에 한 번만 주주명부를 제공했지만, 지금은 명의개서대행기관을 통해 사전 등록한 기업에 한해 분기별로 주주명부를 받을 수 있다. 이 주주명부는 의결권 확보 전략을 세우는 데 중요한 자료다.

주주명부 분석은 IR담당자에게만 중요한 일이 아니다. 주주 입장에서도 이를 통해 기업이 자신을 어떤 주주로 인식하고 있는지, 자신이 의결권 확보 전략에서 어떤 위치에 있는지를 가

늘할 수 있다. 이를 바탕으로 주주들은 기업과의 커뮤니케이션에서 더 주체적인 태도를 가질 수 있다.

의결권 확보를 위한 또 다른 전략으로, 나는 증권사 PB들과의 IR 미팅을 활용한 적이 있다. PB들은 자신이 관리하는 고객 계좌를 통해 주식을 매수하는 경우가 있는데, 이는 고객과의 신뢰 관계에서 자연스럽게 이루어지는 활동이다. 기업 입장에서는 PB들에게 기업의 가치를 설득력 있게 전달해 긍정적인 인식을 심어주는 것이 중요한 전략 중 하나였다.

증권대행기관에서 제공하는 주주명부에는 각 증권사의 코드번호가 표시되는데, 이를 활용해 특정 PB가 관여하는 주주 계좌를 파악하고, 그들이 관리하는 개인 주주들의 의결권을 효율적으로 확보했던 경험이 있다. 이 과정에서 PB들과 신뢰를 쌓고, 기업의 IR자료를 통해 기업의 비전과 가치를 충분히 전달하는 것이 필수적이었다.

이처럼 주주총회는 단순한 의사결정의 장이 아니라, 주주와 기업 간의 신뢰를 확인하고 강화하는 자리다. 주주 입장에서는 자신의 의결권이 기업 경영에 실질적인 영향을 미칠 수 있음을 인식하고, 이를 적극적으로 활용하는 것이 중요하다.

한편, IR담당자는 주주총회가 불필요한 논란 없이 매끄럽게 끝나도록 철저히 준비해야 한다. 주주들이 이해하기 쉬운 자료를 만들고, 예상 질문에 대한 답변을 준비하며, 민감한 안건이 있을 경우 사전에 경영진과 논의해 대응 방안을 마련해야 한다.

주주총회 당일에는 준비된 내용을 바탕으로 주주들의 질문에 차분히 대응하고, 전체 진행을 원활하게 돕는 역할도 필요하다. 모든 준비가 잘 이루어졌다면 주주총회는 허무할 정도로 빠르게 끝나는 경우가 많다. 사실, 이 허무함이야말로 IR담당자가 철저히 준비했다는 증거다. 주주총회는 기업의 공식 행사지만, 그 목표는 '완벽하고도 매끄럽게 끝나는 것'이다. IR담당자로서 준비 과정은 길고 때로는 고될 수 있지만, 주주들에게 논란 없이 효율적으로 진행되는 모습을 보여주는 것이 가장 이상적이다.

기자님은 불이다

첫 번째 섹션의 마지막 주제에서 PR 이야기를 다루는 이유는 명확하다. 앞서 IR과 공시의 역할을 살펴보았듯이, PR 또한 기업의 커뮤니케이션 활동에서 중요한 축을 담당한다. PR은 기업이 대중과 소통하는 통로이며, 그 중심에는 기자님들이 있다. 이번 주제에서는 PR의 기본적인 역할을 간략히 짚어보고, 그 중심에서 중요한 역할을 하는 기자님들과의 관계를 어떻게 바라보고 유지해야 하는지에 대해 이야기하고자 한다.

나는 언론을 중립성과 객관성을 유지해야 하는 중요한 공적 기관으로 생각해 왔다. 그 중심에는 기자님들이 계시며, 이분들이 그 역할을 충실히 하고 있다고 믿는다. '기자님은 불이다'라는 소제목을 붙인 이유는, 기업이 기자님들을 대할 때 '불가근불가원(不可近不可遠)'의 자세를 취하는 것이 옳다고 생각하기 때문이다. 불에 너무 가까이 가면 타버릴 수 있고, 너무 멀어지면 얼어버릴 수 있듯이, 기자님들과의 관계도 적당한 거리를 유지하는 것이 중요하다. 이는 언론의 중립성과 객관성을 존중하면서도 기업의 이야기를 잘 전달할 수 있는 방법이라고 믿는다.

내가 '기자님'이라는 표현을 사용하는 이유도 여기에 있다. 이는 그들이 작성한 기사이든, 기업에서 제공한 보도자료이든 간에, 그들의 중립성과 객관성을 존중하는 태도를 반영하는 것이다. 보도자료는 애널리스트의 리포트보다 더 높은 차원의 중립성과 객관성을 담보해야 한다고 본다.

따라서 기업에서 작성하는 보도자료 역시 중립적이고 객관적으로 작성되어야 한다. 그리고 보도자료 배포는 개별 언론사에 직접 전달하기보다 IR 대행업체를 통해 진행하는 것이 효과적이다. 대행업체는 기자님들과의 네트워크를 관리하며, 자료 배포를 원활히 도와줄 수 있기 때문이다. 과거에는 기자님들과의 관계를 위해 사적인 만남을 시도하기도 했지만, 이는 서로에게 큰 도움이 되지 않는다는 결론에 이르렀다. 현재 개인적으로 연락을 주고받는 기자님들도 있지만, 그들을 직업인으로서가 아니라 사람 대 사람으로 존중하며 대하고 있다.

물론, 대표님을 포함한 주요 경영진의 인터뷰가 필요할 때는 기자님과의 직접적인 만남이 필수적일 수 있다. 하지만 이 역시 IR 대행업체를 통해 매체와 기자님을 컨택하는 것을 추천한다.

IR담당자로서 만나게 되는 기자님들은 크게 세 부류로 나뉜다. 증권부 기자님, 산업부 기자님, 그리고 전문매체 기자님이다. 각 부류가 선호하는 보도자료의 내용은 다를 수 있지만, 그들 모두에게 중립성과 객관성을 지켜드려야 하는 부분은 동일하다.

언론도 기업인 만큼 영리를 추구해야 한다. 기자님들의 급여가 하늘에서 떨어지는 것이 아니라는 것도 잘 안다. 그래서 때로는 상당한 금액의 회비를 요구하는 'IR 클럽' 가입이나 '광고 배너' 판매 요청을 받기도 한다. 나는 첫 번째 섹션의 첫 번째 주제에서 IR담당자를 세 가지 부류로 나누었고, 중견기업의 IR담당자로서 이 부분에 대해 솔직한 의견을 덧붙이고 싶다.

언론의 영리적인 요구는 단순히 대기업이 여유가 있기 때문이 아니라, 고객의 지지를 바탕으로 성장한 대기업은 이를 사회에 환원하는 방법 중 하나로 생각할 수 있다. 많은 국민들이 접할 수 있는 보도자료나 기사를 통해 기업의 이야기가 전달될 수 있도록, 언론의 중립성과 객관성을 지키는 데 필요한 비용을 부담하는 것이 더 바람직하지 않을까 생각한다. 이는 대기업이 성장의 결실을 사회와 나누는 또 다른 방식일 것이다.

또한, 공공기관, 정부출연기관, 주요 대기업들이 기자실을 운영하며 기자님들의 편의를 제공하는 것도 같은 맥락에서 언론을 존중하고, 공공재로서의 역할을 다하고 있다고 본다. 이는 언론의 중립성과 객관성을 유지하는 데 필요한 환경을 제공함으로써, 공공의 이익을 지키는 중요한 역할을 하고 있다고 생각한다.

한편, 자금 조달이 매우 중요한 한계기업의 경우 언론에 대한 비용 부담이 필수적일 수 있다. 이들 기업은 더 나은 자금 조달을 위해 자신의 이야기를 투자자들과 대중에게 효과적으로 전달해야 하며, 이는 언론을 활용하는 과정에서 발생하는 필연적인 비용일 것이다. 따라서 한계기업도 이러한 비용을 전략적으로 투자하여 성장과 자금 조달의 기반을 다져나가야 한다고 본다.

중견기업은 현재 대기업이나 한계기업만큼 영리적인 부분을 감당하기는 어렵지만, 앞으로 더 성장하여 그 부담을 함께 나눌 수 있는 위치로 가기 위해 노력하고, 지금은 보도될 가치 있는 다양한 이야기를 제공함으로써 서로에게 도움이 되는 방향을 찾는 것이 더 이득이라고 생각한다.

다시 말하지만, 기자님은 '불'이다. 너무 가까이 다가가지도, 너무 멀어지지도 않게, 적당한 거리를 유지하는 것이 가장 바람직하다. PR은 대중과의 소통 창구로서 기업의 가치를 알리는 데 중요한 역할을 한다. 하지만 PR 활동의 성공은 결국 기자님들과의 관계가 조화롭게 유지될 때 가능하다.

첫 번째 섹션을 마무리하며, PR, IR, 공시는 서로 다른 역할을 맡고 있지만, 모두 기업의 신뢰를 쌓고 시장 및 대중과의 관계를 강화하는 데 기여한다는 점을 다시 한번 강조하고 싶다.

2장

주식시장 통찰
: 기업과 투자자의 연결고리

주식시장은 단순히 숫자로만 움직이는 공간이 아니다. 그 안에는 경제, 정치, 그리고 업계의 다양한 변화가 얽히고설킨 복잡한 구조가 숨겨져 있다. 2장에서는 IR담당자의 시각에서 주식시장을 해석하고, 그 흐름을 읽는 방법에 대해 다룬다.

기업의 실적과 경영 성과는 내부 요인만으로 결정되지 않는다. 경제 상황, 정치적 환경, 업계의 변화, 그리고 투자자 심리까지 수많은 외부 요인이 기업의 가치를 좌우한다. 따라서 IR담당자는 단순히 기업 데이터를 정리하는 역할을 넘어, 이러한 외부 요인들이 기업과 주식시장에 미치는 영향을 통찰하고, 이에 효과적으로 대응할 수 있어야 한다.

이 장에서는 이러한 관점에서 돌아가는 판의 이해, 밸류업의 본질, ESG의 현실적 적용, 구주매출에 대한 새로운 시각, 수급의 본질, 그리고 정치권과 기업의 역할까지 주식시장을 구성하는 핵심 요소들을 심도 있게 다룬다. 이 과정에서 IR담당자뿐만 아니라 기업과 투자자 모두가 복잡한 시장에서 길을 찾는 데 필요한 실질적인 지침과 통찰을 제공하고자 한다.

돌아가는 판을 이해해야 한다

주식시장은 다양한 사람들이 저마다의 역할을 하며 돌아간다. 이를 이해하려면 먼저 시장에 참여하는 주요 구성원들이 무슨 일을 하고, 각자가 무엇을 얻는지 살펴볼 필요가 있다. 이런 그림이 그려져야 비로소 주식시장이 어떻게 움직이는지 큰 틀이 잡힌다.

먼저, 주식시장의 판을 지탱하는 주요 축 중 하나는 증권사의 다양한 부서들이다. PI(Principal Investment) 부서는 자체 자금을 운용하며 수익을 추구하고, IB(Investment Banking) 부서는 기업의 자금 조달, IPO, 인수합병 등을 지원한다. 또한, 브로커는 기관 투자자와 개인 투자자 간의 거래를 중개하며 시장 정보를 제공해 거래를 촉진한다.

이와 더불어, 주식시장 운영을 뒷받침하는 기술적 지원 기관도 중요하다. 한국예탁결제원은 증권의 예탁, 매매에 따른 결제 업무와 계좌 간 대체를 담당하며, 효율적이고 안전한 유통 환경을 제공한다. 한국증권금융은 우리사주 조합 관리와 증권 담보 대출을 통해 자금 지원 역할을 수행한다. 마지막으로, 증권 대행기관은 주주총회 지원, 배당금 지급, 주주명부 관리 등을 대행하며, 상장 기업들이 주식 관련 업무를 원활히 처리할 수 있도록 돕는다.

주식시장의 이러한 기반 위에서 다양한 주요 참여자들이 활동하며 시장을 형성한다. 아래는 주요 참여자들의 역할과 그들이 얻는 것을 정리한 표다.

[표2] 주식시장 주요 참여자들의 역할과 이익

참여자	역할	얻는 이익
IR 담당자	기업의 가치를 시장에 전달하며 투자자와 신뢰 확보	기업의 자금 조달 원활화 및 이미지 개선
애널리스트	기업 정보를 분석해 리포트로 전달하여 투자 판단 지원	소속 증권사의 거래 활성화로 매매수수료 수익
기관투자자	대규모 자금을 운용하여 주식 매매와 시장 유동성 확대	투자 성과를 통한 수익 창출 및 운용수수료 확보
개인투자자	자금을 활용해 주식 매매 및 배당 수익 확보	주식 매매 차익과 배당금으로 자산 증식
한국거래소	상장 심사, 공시 관리, 거래시스템 운영으로 시장 안정	상장사와 증권사의 수수료로 운영자금 확보
금융감독원	공시 사후 검토 및 불공정 거래 적발을 통해 시장 공정성 확보	금전적 이익 없이 신뢰받는 금융시장 유지

이제, 각 주요 참여자의 역할과 이들이 시장에서 하는 일을 하나씩 살펴보자.

IR담당자는 기업의 가치를 주식시장에 전달하는 중요한 역할을 한다. 기업이 투자자들에게 자신의 가치를 효과적으로 전달하고 필요한 자금을 효율적으로 확보하려면 IR담당자의 역할이 필수적이다. 이는 단순히 자금 확보에 머무는 것이 아니라, 기업 이미지를 개선하고 투자자들과의 신뢰를 쌓는 중요한 일이다.

애널리스트는 기업의 정보를 분석해 투자자들에게 기업의 실적과 전망을 리포트로 전달한다. 이 과정에서 애널리스트의 소속 증권사는 리포트를 통해 투자자들이 해당 증권사를 이용하도록 유도한다. 기관 투자자나 개인 투자자가 애널리스트의 리포트를 참고해 거래를 늘리면, 증권사는 매매수수료를 통해 수익을 얻게 되는 구조다.

기관 투자자는 주식시장에서 중요한 거래 주체로, 시장에 큰 영향을 미친다. 이들은 자산운용사, 연기금, 보험사, 헤지펀드 등 다양한 형태로 존재하며, 각각의 투자 목적과 전략에 따라 움직인다. 자산운용사는 투자자들의 자금을 모아 펀드를 조성하고, 주식, 채권, 부동산 등 다양한 자산에 투자하여 안정성과 수익성을 동시에 추구한다. 연기금은 국민의 노후자금을 책임지기 위해 대규모 자금을 운용하며, 장기적이고 안정적인 수익을 목표로 한다. 보험사는 가입자들에게 지급해야 할 보험금을 준비하기 위해 비교적 안정적인 자산에 투자하며, 위험을 최소화하는 전략을 선호한다. 반면, 헤지펀드는 고위험, 고수익을 목표로 레버리지나 공매도와 같은 전략을 활용하며, 시장 변동성을 이용한 단기 수익을 추구한다.

이러한 기관 투자자들은 대규모 자금을 움직이는 만큼, 시장에 중요한 신호를 제공하며 거래량과 유동성을 확보하는 데 기여한다. 예를 들어, 국민연금과 같은 연기금이 특정 기업의 주식을 대량 매수하거나 매도하면, 이는 해당 기업의 주가에 즉각적인 영향을 미치며, 다른 투자자들의 매매 전략에도 변화를 가져올 수 있다.

개인 투자자는 기관 투자자와 더불어 주식시장의 활력을 유지하는 또 다른 중요한 축이다. 개인 투자자는 자신의 자금을 활용해 주식 매매를 통해 수익을 추구하며, 때로는 배당금을 통해 현금을 확보하기도 한다. 개인 투자자와 기관 투자자는 서로 다른 규모와 전략으로 주식시장에 기여하지만, 둘 모두 거래량을 만들어 내며 시장을 활성화한다.

한국거래소는 상장 심사와 공시 사전 검토, 거래 시스템 제공 등 시장을 안정적으로 운영하고 관리하는 일을 한다. 거래소는 상장사와 증권사가 납부하는 수수료를 통해 수익을 얻고, 신뢰받는 시장을 유지하기 위해 꾸준히 노력한다.

마지막으로, 금융감독원은 시장의 공정성을 유지하는 데 중요한 역할을 맡는다. 공시의 사후 검토와 불공정 거래 적발 같은 활동을 통해 깨끗한 주식시장을 만드는 데 기여한다. 공공기관인 만큼 금전적인 이익을 목적으로 하지는 않지만, 시장 신뢰를 유지하는 것이 금감원의 가장 큰 보람일 것이다.

이처럼 IR담당자부터 개인 투자자, 기관 투자자, 애널리스트, 한국거래소, 금융감독원까지 주식시장의 모든 주요 참여자들은 자신만의 역할과 이익을 가지고 움직인다. 서로의 이해관계가 얽혀있지만, 이들이 균형을 이루며 주식시장을 굴러가게 만든다.

이 판을 이해하는 것은 단순히 주식시장의 흐름을 읽는 것을 넘어, 주식시장이라는 복잡한 구조의 본질을 파악하는 데 중요한 첫걸음이다. IR담당자로서 이런 그림을 머릿속에 그릴 수 있다면, 기업과 시장을 연결하는 역할을 더 깊이 이해하고 더 나은 의사결정을 할 수 있을 것이다.

또한, 이 책을 읽는 투자자나 주식시장에 관심 있는 사람들에게도 이 내용은 큰 도움이 될 것이다. 주식시장이라는 복잡한 구조 속에서 각각의 역할이 어떤 영향을 미치는지 이해하면, 투자 판단을 내릴 때 훨씬 더 깊이 있는 관점으로 접근할 수 있을 것이다.

가짜 밸류업을 반대한다

최근 주식시장에서 '밸류업(Value-Up)'이라는 단어가 자주 등장한다. 언론과 투자자들 사이에서 밸류업은 종종 기업의 가치를 높이기 위한 활동으로 소개된다. 하지만 나는 이 흐름을 조금 다른 시각에서 바라보고자 한다.

밸류업은 본래 기업이 제품, 서비스, 경영 전략 등을 개선해 고객과 시장에서의 가치를 높이는 것을 의미한다. 이는 단순히 재무적 결과를 넘어, 기업이 시장에서 지속 가능성을 확보하고 경쟁력을 강화하는 과정이다. 진정한 밸류업은 본업을 통해 이뤄지는 것이며, 더 나아가 사회적으로 긍정적인 영향을 미치는 활동을 포함해야 한다.

그러나 최근 밸류업이란 단어는 본질에서 벗어나 단기적인 주가 상승이나 재무적 조치에 집중하는 경우가 많다. 예를 들어, 기업이 자사주를 매입하거나 배당금을 증대하는 것이 밸류업의 사례로 언급된다. 이런 조치들이 투자자들에게 긍정적으로 보일 수는 있다. 하지만 이는 기업의 본질적인 가치를 높이는 활동이라고 보기는 어렵다.

여기에 자사주 소각 또한 가짜 밸류업의 한 사례로 볼 수 있다. 자사주 소각은 기업이 보유한 자사주를 소멸시켜 발행 주식 수를 줄임으로써 주당 가치를 높이고, 주주 가치를 증대하려는 행위다. 이는 단기적으로 주가에 긍정적인 영향을 줄 수 있지만, 기업의 본질적인 가치나 수익성 개선과는 직접적인 연관이 없다. 예를 들어, 최근 삼성전자의 자사주 매입 및 소각 소식에 따라 삼성생명과 삼성화재의 주가가 급등락하는 현상이 나타났다. 하지만 시장에서는 자사주 소각의 효과가 과거보다 제한적일 것이라는 분석이 나오며, 기대감이 빠르게 사라지기도 했다. 이는 자사주 소각이 단기적인 주가 부양을 위한 수단으로 활용될 수 있음을 보여준다.

이처럼 자사주 소각, 배당금 증대 등은 본업의 경쟁력을 강화하거나 기업의 장기적 성장을 보장하지 않는 조치다. 이러한 조치는 일시적으로 주주를 만족시킬 수는 있지만, 기업의 내재 가치를 근본적으로 변화시키지는 못한다.

특히, 정부가 기업의 주가 상승과 주주 환원을 촉진하기 위해 밸류업 프로그램에 참여하는 기업들에게 세제 혜택을 제공하고 있는 점은 논란의 여지가 있다. 예를 들어, 주주 환원을 늘린 기업에 대해 법인세 감면이나 배당소득세 인하를 통해 혜택을 주는 방안이 논의되고 있다. 하지만 이러한 세제 혜택이 단기적인 주가 부양에 초점을 맞춘다면, 진정한 밸류업을 촉진하기는 어렵다.

세제 혜택은 본업에서 경쟁력을 강화하고 고용을 창출하며, 사회적으로 긍정적인 영향을 미치는 기업에 제공되어야 한다. 이를 통해 기업들이 단기적인 재무적 조치보다 장기적이고 지속 가능한 가치를 창출하는 데 집중하도록 유도해야 한다.

밸류업이라는 이름 아래, 본업 강화 대신 재무적 조치만을 강조하는 흐름은 오히려 기업이 장기적으로 추구해야 할 방향을 흐리게 만든다. 기업이 진정으로 해야 할 일은 본업의 경쟁력을 강화하는 것이다. 신제품 개발, 서비스 개선, 혁신적인 비즈니스 모델 구축 등을 통해 시장에서 지속 가능한 성과를 창출해야 한다.

또한, 사회적 책임 역시 기업 가치의 중요한 요소다. 기업이 수익을 창출하면서도 지역사회와 환경에 긍정적인 영향을 미친다면, 이는 투자자들에게도 더 큰 신뢰를 제공할 수 있다. 본질적으로 기업은 고객과 사회의 요구를 충족시키면서도 지속 가능한 방식으로 운영될 때 진정한 밸류업을 달성할 수 있다.

따라서 나는 '밸류업'이라는 용어가 본래의 의미를 잃고 단기적인 재무적 조치로 변질되는 것에 반대한다. 진정한 밸류업은 본업에 충실하며, 고객과 사회에 가치를 제공하는 과정에서 이루어진다.

이러한 시각은 IR담당자로서도 중요한 관점이다. 투자자들과의 소통에서 기업이 본질적으로 추구하는 가치를 강조하고, 단기적인 조치보다는 장기적인 성장 가능성과 지속 가능성을 이야기하는 것이 IR의 역할이라고 생각한다.

마지막으로, 투자자들도 단기적인 주가 변화에만 집중하기보다는 진정한 밸류업을 실현하는 기업을 발굴하는 눈을 가져야 한다. 기업의 본질적 경쟁력과 사회적 기여도를 평가할 수 있는 안목이야말로 성공적인 투자로 이어질 것이다.

ESG를 부분적으로 찬성한다

ESG(Environmental, Social, and Governance)는 기업이 환경(E), 사회(S), 그리고 지배구조(G) 측면에서 지속 가능성과 책임 있는 경영을 실천하기 위한 기준이다. 기후 변화 대응과 지속 가능한 사회 요구가 증가하면서 ESG는 기업 경영의 핵심축으로 떠올랐다. 많은 글로벌 투자자들이 ESG를 기업 평가의 주요 요소로 삼으며, 이는 단순한 트렌드를 넘어 자본시장의 중요한 기준이 되었다.

나는 ESG가 이상적이고 필요한 방향성을 제시한다는 점에서 공감한다. 환경 문제 해결, 사회적 책임 수행, 투명한 경영은 기업이 추구해야 할 중요한 가치다. 그러나 현실적으로 모든 기업에게 동일한 ESG 기준을 요구하는 것은 무리가 있다. 특히 중견기업의 경우, 탄소 배출 감축이나 이사회의 독립성 강화 같은 항목은 상당한 비용과 자원을 요구하며, 이를 대기업처럼 실행하기란 쉽지 않다. 그래서 나는 이 주제의 제목처럼 ESG를 '부분적으로' 찬성한다는 입장이다. 기업의 규모와 상황에 맞는 유연한 도입 전략이 필요하다는 것이다.

그렇다면 중견기업들은 현실적으로 ESG를 어떻게 도입할 수 있을까? 초기 단계에서는 모든 항목을 충족하기보다는 실행 가능한 부분부터 시작하는 것이 중요하다. 다음 표는 중견기업들이 초기 단계에서 접근할 수 있는 실질적인 ESG 방안이다.

[표3] 중견기업을 위한 현실적인 ESG 실행 방안

구분	추진 전략	구체적인 실행 예시
환경(E)	에너지 효율화와 폐기물 관리	공장 조명을 LED로 교체하거나, 물 사용량 절감을 위한 설비 개선 등
사회(S)	직원 복지 강화와 지역사회 공헌	건강검진 지원 확대, 지역사회 봉사활동 참여 등
지배구조(G)	내부 규정 투명화와 윤리 경영 교육	내부 의사결정 절차 기록 강화, 중간관리자를 대상으로 한 경영 교육 등

이처럼, 중견기업들은 자신들의 규모와 특성에 맞는 실행 가능한 항목부터 시작해 점차 ESG를 확장해 나갈 수 있다. 초기에는 작은 변화라도 이를 점차 확대해 나가는 방식이 ESG 도입의 부담을 줄이면서도 지속 가능성을 확보할 수 있다.

ESG는 기업들에게만 요구되는 것이 아니다. 최근 국민연금과 같은 주요 연기금은 ESG를 경영의 핵심으로 실천하는 기업에만 투자 비중을 늘리고 있다. 이는 ESG가 단순한 트렌드가 아니라, 자본시장의 중요한 변화로 자리 잡았음을 보여준다. 투자자들은 ESG를 통해 기업의 리스크를 평가할 수 있다. ESG를 잘 실천하는 기업은 환경 규제, 사회적 논란, 지배구조 문제에서 발생할 수 있는 불확실성을 줄이는 데 유리하며, 이는 투자 리스크를 줄이는 중요한 요인으로 작용한다.

그러나 단순히 ESG 점수만 보고 투자하는 것은 부족하다. 투자자들 역시 기업의 본질적 가치를 탐구하고, 진정으로 사회와 환경에 기여하는 ESG를 실천하는 기업을 발굴하는 눈을 가져야 한다. ESG는 기업이 단순히 사회적 책임을 다하는 데 그치지 않고, 장기적인 생존과 발전을 위해 반드시 필요한 요소이기 때문이다.

결론적으로, 나는 ESG의 필요성을 절대적으로 공감하지만, 중견기업들에게 대기업과 동일한 기준을 요구하는 것은 현실적이지 않다고 본다. 각 기업이 자신의 규모와 상황에 맞는 전략을 도입하고, 실행 가능한 항목부터 시작하는 유연한 접근이 필요하다. IR담당자로서 이러한 현실적인 ESG 도입 전략은 투자자들과의 소통에서 신뢰를 얻는 중요한 이야기의 소재가 된다.

투자자들 역시 ESG를 단순한 기준으로만 보지 않고, 기업의 본질적 가치를 평가하는 중요한 도구로 활용해야 한다. 올바르게 실행될 때, ESG는 기업과 투자자, 그리고 사회 모두에게 긍정적인 변화를 가져올 것이다.

구주매출에 대한 새로운 시각을 바란다

구주매출(Secondary Offering)은 기존 주주가 보유한 주식을 신규 투자자에게 매도해 자금을 유치하는 방식이다. 이는 신주발행(Primary Offering)과 달리 기업에 직접적인 자금이 들어오지 않고, 기존 주주의 지분이 새로운 투자자에게 이전되는 구조를 갖는다. 구주매출은 기업의 성장 단계에서 종종 중요한 역할을 하지만, 시장에서는 부정적 인식이 강하다. 특히 창업자의 구주매출은 기존 주주의 이익 실현으로 간주되어 '기업의 미래에 대한 신뢰 부족'이라는 시각을 불러일으키곤 한다.

하지만 나는 이런 인식이 바뀌어야 한다고 생각한다.

기업의 창업자를 떠올려 보자. 창업자는 사업 초기, 자신의 전 재산을 투자하고 혹독한 어려움을 견뎌내며 회사를 키운다. 이제 기업이 상장을 준비하는 단계에 이르렀을 때, 신주발행을 통해 기업자금은 확보되지만, 정작 창업자 개인에게는 금전적인 보상이 돌아오지 않는다. 이는 창업자들에게 있어 구조적으로 불공정한 상황을 만들 수 있다.

구주매출은 이런 문제를 해결할 수 있는 수단이 될 수 있다. 창업자는 구주매출을 통해 일부 지분을 매각함으로써 개인적인 보상을 받을 수 있다. 그런데 현실적으로 IPO(Initial Public Offering) 과정에서 창업자가 구주매출을 하겠다고 밝히는 것은 부정적 시각 때문에 사실상 불가능하다. 한국거래소 상장 심사 과정에서 창업자가 구주매출을 한다는 언급조차 하지 못하는 분위기가 이를 보여준다.

이러한 문제를 해결하기 위해 종종 활용되는 것이 Pro-IPO라는 비공식적 방식이다. Pro-IPO란 상장이 임박한 기업의 창업자가 상장 직전에 기관 투자자에게 일부 지분을 매도하는 방식이다. 보통 Pro-IPO 매도가는 공모가의 약 70% 수준에서 이루어진다. 이는 기관 투자자 입장에서 약 30% 이상의 수익을 목표로 하게 한다. 결과적으로, Pro-IPO를 통해 창업자가 본인 지분을 매도하는 행위는 창업자와 기업 모두에게 불리한 조건을 강요하는 셈이다.

게다가, Pro-IPO 과정에서는 투자자들이 상장이 지연되거나 공모가가 예상보다 낮게 형성되어 손실을 입을 가능성을 회피하기 위해 창업자에게 불리한 조건을 요구하기도 한다. 예를 들어, 풋옵션(Put Option)은 투자자가 일정 조건 하에 보유 주식을 창업자에게 매도할 수 있는 권리로, 창업자에게 재정적 부담을 줄 수 있다. 동반매도권(Tag-along Right)은 창업자가 지분을 매각할 때 동일한 조건으로 투자자의 지분도 매각할 수 있는 권리이며, 동반매각청구권(Drag-along Right)은 투자자가 자신의 지분을 매각할 때 창업자의 지분도 함께 매각하도록 요구할 수 있는 권리다. 이런 조항들은 창업자에게 큰 부담이 되며, 경영 안정성에도 부정적인 영향을 미칠 수 있다.

이런 현실이 과연 바람직한가? 상장 과정에서 창업자가 자신의 지분을 공정한 가치를 인정받고 매도할 수 있는 구조가 제도화되지 못한 탓에, 창업자는 더 할인된 가격으로 기관 투자자에게 지분을 넘길 수밖에 없는 상황에 내몰린다.

나는 사회적 인식이 바뀌어야 한다고 믿는다. 창업자가 구주매출을 통해 일부 보상을 받는 것은 '책임을 회피'하는 것이 아니라, 오히려 창업자에게 새로운 동기를 부여할 수 있는 수단이다. 구주매출 이후에도 창업자는 경영에 집중해 기업을 더욱 성장시킬 수 있다.

또한, 창업자의 구주매출은 새로 유입되는 투자자들에게도 긍정적인 결과를 가져올 수 있다. 기존 창업자가 과도한 지분을 보유한 상황에서는 기업 지배구조가 지나치게 한쪽으로 치우칠 가능성이 있다. 구주매출을 통해 지분이 분산되면, 더 많은 투자자들이 기업에 참여할 수 있게 되고, 이는 시장의 유동성과 기업 가치 평가의 공정성을 높이는 데 기여할 수 있다.

따라서 경영권을 안정적으로 유지할 수 있는 범위 내에서, 창업자가 일부 지분을 구주매출 할 수 있도록 제도화해야 한다. 이런 제도가 정착된다면 창업자들이 더 큰 책임감을 가지고 경영에 집중할 수 있을 것이며, 이는 궁극적으로 기업의 지속 가능한 성장으로 이어질 것이다.

결국은 수급이다

주식시장은 결국 수요와 공급의 논리다. 매도하려는 사람보다 매수하려는 사람이 많아지면 주가는 오르고, 반대의 경우에는 주가가 내려간다. 이 단순한 원리가 특정 종목뿐 아니라 전체 시장에도 그대로 적용된다.

최근 한국 증시를 보면 거래대금이 점점 줄어드는 모습이 보인다. 2021년 한국 증시의 연간 거래대금은 약 6,542조 원이었다. 2022년에는 약 5,663조 원으로 줄었고, 2023년에는 일평균 거래대금이 약 19.8조 원으로 집계되었다. 이를 연간으로 환산하면 약 4,950조 원에 해당하는 수준이다. 2024년에는 일평균 거래대금이 약 16.3% 더 감소해 연간 거래대금이 약 4,140조 원으로 집계되었다. 3년 만에 거래대금이 약 37% 이상 감소한 것이다.

반면, 미국 증시는 기술주 중심의 강력한 성장성과 투명한 시장 구조 덕분에 글로벌 자금 유입이 활발하게 이루어지고 있다. 같은 기간 동안 미국 증시는 지속적인 강세를 이어갔다. 특히, 2024년에는 국내 투자자들의 미국 주식 거래대금이 전년 대비 87%나 증가하며 미국 시장에 대한 높은 관심을 보여주었다. 이러한 글로벌 비교는 한국 증시가 구조적 문제를 해결하지 못할 경우 경쟁에서 더욱 밀릴 수 있음을 보여준다.

한국 증시의 거래대금 감소는 단순히 통계적인 숫자가 아니라, 투자 심리가 위축되고 수급의 기반이 흔들리고 있다는 신호다. 국내 투자자들의 자금이 국내 시장에서 돌지 않고 해외로 빠져나가고 있다. 수급이 약해지면 시장 전체가 위축될 수밖에 없다. 아무리 기업 실적이 좋아도, 이를 사고자 하는 투자자가 없다면 주가는 오를 수 없다.

그렇다면 왜 이런 일이 벌어지고 있을까? 한국 증시의 수급 약화는 한두 가지 문제로 설명할 수 없는, 복합적인 원인에서 비롯된다. 먼저, 개인 투자자들의 외면이 있다. 코로나19 이후 개인 투자자들이 대거 증시에 유입되었지만, 그 열기는 오래가지 못했다. 주식시장에 대한 실망감, 단기 성과에만 의존하는 기업 경영 방식, 반복되는 주가 조작 스캔들, 공매도 제도에 대한 불만 등이 투자 심리를 악화시켰다.

여기에 더해 정치권의 안일한 태도도 한몫했다. 금융투자소득세(이하 '금투세') 도입을 둘러싼 혼란이 대표적이다. 금투세는 주식, 채권 등 금융투자상품에서 발생하는 소득에 세금을 부과하는 제도로, 2020년 도입 발표 이후 여러 차례 유예와 폐지 논의가 반복되었다. 문재인 정부는 2023년 시행을 예고했지만, 윤석열 정부는 경제 상황을 이유로 시행을 2025년으로 연기했다. 이후 2024년 12월, 국회 본회의에서 소득세법 개정안이 통과되며 금투세 폐지가 최종 확정되었다. 금투세 폐지 결정은 개인 투자자들에게 환영받았으나, 폐지가 확정되기까지의 우여곡절은 정책의 불확실성과 혼란을 키워 개인 투자자들의 신뢰를 떨어뜨리고, 투자 심리를 위축시키는 데 큰 영향을 미쳤다.

또 하나의 요인은 기관 투자자들의 소극적인 태도다. 국민연금을 포함한 주요 기관들은 해외 투자 비중을 확대하며 국내 증시에서 자금을 빼내고 있다. 국민연금의 경우, 2025년 목표 포트폴리오에서 해외 주식과 해외 채권의 비중을 각각 35.9%와 8.0%로 설정하여 전체 기금의 43.9%를 해외 자산에 투자할 계획이다. 이는 국내 수급에 직접적인 영향을 미치고 있다. 여기에 더해, 외국인 투자자의 유입 둔화 역시 문제다. 2024년 12월, 외국인 투자자들은 국내 상장주식 약 3조 6,490억 원을 순매도하며 5개월 만에 순매도로 전환하였다. 글로벌 시장에서 매력적인 투자처는 많아졌지만, 한국 증시는 상대적으로 매력도가 낮아지고 있다.

이런 배경 속에서 등장한 것이 바로 '서학개미'다. 이들은 국내 증시에서의 답답함을 해외로 눈을 돌리며 해소했다. 미국 증시는 기술주 중심의 높은 성장성, 투명한 정보 공개, 그리고 글로벌 투자자들이 신뢰하는 시장 구조를 갖추고 있다. 반면, 한국 증시는 예측 가능성이 낮은 공시 시스템, 시장 투명성에 대한 불신, 공매도 이슈 등이 겹치면서 투자자들에게 매력을 잃고 있다. 이런 환경은 서학개미가 늘어나게 된 직접적인 이유가 되었다.

서학개미의 증가는 단순히 자금 유출 이상의 의미를 가진다. 이는 개인 투자자들이 더 투명하고 예측 가능한 시장을 선호하며, 한국 증시의 구조적 문제에 대한 반응이라는 점에서 주목할 필요가 있다.

그렇다면 기업은 이런 수급의 문제 속에서 어떤 전략을 세워야 할까? 물론 한국 증시의 수급 약화는 복합적인 원인에서 비롯되므로, 그 해결책도 단순하지 않다. 기업들이 아무리 잘한다고 해도 모든 문제가 해결되는 것은 아니다. 하지만 기업 입장에서 할 수 있는 최선의 노력을 기울이는 것이 무엇보다 중요하다.

먼저, 국내 투자자들에게만 의존하기보다는 해외 투자자들에게도 눈을 돌려야 한다. 글로벌 투자자들은 단순히 재무제표의 숫자만 보지 않는다. 장기적인 비전, 사회적 책임 이행, 지속 가능한 성장 가능성 등 다양한 요소를 종합적으로 평가한다. 따라서 기업은 이러한 경쟁력을 갖추고 이를 기반으로 투자자들이 공감할 수 있는 이야기를 만들어 내야 한다. 이러한 경쟁력은 단순히 재무적 성과가 아니라, 기업이 실제로 지속 가능성을 추구하며 장기적 성장을 실현하는 능력을 의미한다. 이는 단순히 포장된 메시지를 전달하는 것이 아니라, 기업 내실을 강화하고 이를 효과적으로 알리는 과정이다.

결국은 수급이다. 주식시장의 핵심은 수급이다. 기업이 주식시장에서 살아남으려면 이 원리를 정확히 이해하고, 이를 기반으로 투자자들에게 매력을 어필할 수 있는 전략을 세워야 한다. 특히, 글로벌 투자자를 유치하고 장기적인 수급을 안정시키기 위한 노력이 필수적이다.

하지만 기업의 노력만으로는 한계가 있다. 한국 증시의 수급 문제를 근본적으로 해결하려면 정치권과 정책 입안자들의 역할이 반드시 뒷받침되어야 한다. 두 번째 섹션의 마지막 주제에서는 이러한 수급 문제를 해결하기 위해 정치권이 무엇을 해야 하는지에 대해 이야기해 볼 것이다.

기업은 1류가 되었다, 정치는 언제쯤

 1995년, 이건희 삼성 회장이 중국 베이징에서 한국 특파원들과의 간담회에서 했던 발언이 있다. "우리나라의 정치는 4류, 관료와 행정조직은 3류, 기업은 2류다." 이 발언은 당시에도 큰 반향을 일으켰고, 지금까지도 회자된다. 당시 기업은 2류였지만, 이후 많은 기업들이 치열한 노력과 혁신을 통해 글로벌 1류 기업으로 성장했다. 삼성전자, 현대자동차, LG전자와 같은 대기업들은 세계 시장에서 두각을 나타내며 대한민국을 대표하는 브랜드로 자리 잡았다.

 이런 대기업들의 노력뿐만 아니라, K팝, K푸드, K뷰티 등 다양한 산업에서도 혁신이 이어지며 대한민국의 위상을 세계에 알리고 있다. 새로운 시대의 흐름 속에서 인터넷 서비스와 디지털 플랫폼 등에서도 성과가 이어지며 대한민국은 다양한 분야에서 1류로 자리 잡았다. 이처럼 기업들이 각자의 위치에서 도약하며 국가 경쟁력을 높이고 있지만, 정치와 관료 조직은 여전히 4류와 3류에 머물러 있다는 평가를 피하기 어렵다.

정치인과 관료들은 단기적인 성과에만 집착하는 태도에서 벗어나야 한다. 긴 호흡을 가지고 장기적인 관점에서 기업과 국민들을 위한 정책을 고민해야 한다. 특히, 금융투자소득세(금투세)와 관련된 혼란은 이를 보여주는 대표적인 사례다. 금투세는 도입과 폐지 논의가 반복되며 투자자들의 신뢰를 떨어뜨린 정책이었다. 2025년 시행을 앞두고 있었지만, 최근 폐지가 확정되기까지 수년간 논란과 혼란이 계속되었다. 투자자들은 불확실한 정책 방향 속에서 혼란을 겪었고, 이는 시장의 예측 가능성을 저해하는 주요 요인으로 작용했다.

정책의 예측 가능성과 일관성을 높이는 것은 투자 심리 안정화의 첫걸음이 될 것이다. 또한, 공매도 제도에 대한 불만과 주가 조작 스캔들 같은 문제들은 투자 심리를 악화시키는 주요 요인으로 작용하고 있다. 정치권은 공정하고 투명한 시장 환경을 조성하고, 개인 투자자를 보호하기 위한 제도적 개선책을 마련해야 한다. 이러한 문제들은 단순히 기업이나 시장 참여자들이 해결할 수 없는 영역으로, 정치권과 관료들의 역할이 무엇보다 중요하다.

결국, 지나친 정부 개입은 시장의 자율성을 저해하고, 예상치 못한 부작용을 초래할 수 있다. 문재인 정부의 소득주도성장은 이러한 문제를 잘 보여주는 사례다. 이 정책의 일환으로 2018년과 2019년에 걸쳐 최저임금이 급격히 인상되었다. 최저임금은 2018년에는 전년 대비 16.4%, 2019년에는 10.9%가 인상되었다. 그러나 이로 인해 국내총생산(GDP)의 감소, 고용 축소, 자영업자와 소상공인의 경영 부담 증가와 같은 부작용이 뒤따랐다. 결국, 최저임금 인상이 저숙련 노동자들의 일자리 감소로 이어지는 역효과를 초래한 것이다. 이는 정부의 지나친 개입이 시장의 자율성을 해치고, 의도와는 다른 결과를 낳을 수 있음을 보여준다.

반면, 독일의 '협력적 자본주의'는 정부와 시장이 상호 보완적으로 작용했을 때 긍정적인 결과를 낳았다는 점에서 주목할 만하다. 독일은 노동자와 기업 간의 협력을 제도화하여 고용 안정과 경제 성장을 함께 추구했다. 특히, 노동자들의 권익을 보장하면서도 생산성을 높이는 방향으로 산업 구조를 조정했으며, 이는 글로벌 경쟁력을 유지하는 데 기여했다. 독일의 사례는 시장 경제와 사회적 균형을 동시에 고려했다는 점에서 시

사점을 준다. 그러나 이러한 협력 모델은 정부의 지나친 개입보다는 시장의 자율성을 기반으로 실행되어야 한다. 시장에서 뒤처지는 사회적 약자는 별도의 프로그램으로 도움을 주되, 단순히 생계를 제공하는 것이 아니라 생선을 잡는 방법을 가르치는 방식으로 설계되어야 한다.

최근 한국 사회에서 고용보험 제도의 실업급여가 본래 취지와 달리 악용되는 사례를 보더라도, 정부의 지나친 역할이 가져올 부작용을 다시금 생각하게 된다. 실업급여는 비자발적 실업자들이 생계를 유지하며 재취업을 준비할 수 있도록 돕는 제도지만, 일부는 이를 남용해 제도의 취지를 왜곡하고 있다. 이러한 문제는 시장의 자율성을 해치고, 사회적 안전망의 신뢰를 떨어뜨리는 원인이 된다. 따라서 '물고기를 주는' 식의 지원이 아니라, 근로자들의 역량을 강화하고 자립을 도울 수 있는 방향으로 제도가 전환되어야 한다. 교육, 직업 훈련, 창업 지원과 같은 실질적인 방안이 마련될 필요가 있다.

결국, 대한민국이 앞으로 더 발전하고 번영하기 위해서는 정치권과 관료들의 책임 있는 행동이 뒷받침되어야 한다. 이제는 기업과 국민들에게만 의존할 수 없다. 정치권이 책임감을 가지고 역할을 다해야 지속 가능한 번영을 이룰 수 있을 것이다.

3장

직무 관련 스토리텔링
: IR담당자의 여정과 교훈

3장은 IR담당자의 개인적인 경험과 그 과정에서 얻은 통찰을 중심으로 한다. IR담당자는 기업의 정보를 전달하는 역할을 넘어, 기업과 시장 간의 가교 역할을 수행하며 기업의 성장에 기여한다. 하지만 그 과정은 단순하지 않으며, 때로는 현실적 제약과 감정 노동, 그리고 예상치 못한 도전에 부딪히기도 한다.

이 장은 IR 실무의 본질과 그 안에서 마주한 인간적인 고민과 성취의 순간들을 이야기하며, 직무의 실질적인 의미를 탐구한다. IR 업무의 현실적 도전, 상장 이후의 기업 가치 변화, 그리고 리더십이 기업에 미치는 영향 등 다양한 주제를 통해, IR이라는 직무가 단순히 실무를 넘어 기업의 비전을 현실로 만들어 가는 중요한 축임을 보여준다.

이 장에서 다루는 이야기가 IR담당자로서의 여정을 이해하고 공감하는 데 도움이 되길 바란다. 또한, IR이라는 직무가 단순한 정보 전달의 역할을 넘어 기업과 시장 모두에 가치를 창출하는 데 중요한 역할을 한다는 점을 다시 한번 느낄 수 있을 것이다.

해본 사람을 찾아
외부에 눈을 돌리다

IR담당자로서 마주하는 업무는 단순한 실무를 넘어, 기업의 중요한 의사결정과 밀접하게 연결되어 있다. IPO, 기업 분할 및 합병, 지주사 전환, 주식 소각 등 IR과 관련된 업무는 매우 다양하고 복잡하다. 그러나 현실적으로 한 명의 IR담당자가 이 모든 업무를 직접 경험하기란 쉽지 않다. 그럼에도 불구하고, 해보지 않은 업무를 맡아야 하는 상황은 언제든 닥칠 수 있다. 경험자의 이야기를 듣는 것만큼 현실적인 해답은 없다고 믿었기에, 내가 선택한 방법은 답을 알고 있는 사람을 찾아 나서는 것이었다.

IR담당자들 간의 네트워크는 나에게 실질적인 도움과 영감을 주었다. 처음에는 단순히 정보나 도움을 얻고자 했지만, 시간이 지나면서 서로에게 조언을 주고받고 함께 성장할 수 있는 소중한 관계로 이어졌다. 결국, 모든 일은 사람이 하는 것이다. 업무의 어려움을 나눌 수 있는 사람들과의 연결은 내게 큰 자산이자 기쁨이었다. 그리고 그 만남은 단순히 업무적인 도움을 넘어, 나를 IR담당자로서 성장시키는 데 결정적인 역할을 했다.

처음으로 참여한 모임은 '코스닥백두산행회'였다. IR담당자들이 한 달에 한 번씩 모여 서울, 경기권의 산을 오르며 교류하는 모임이었다. 1년에 12번, 그중 10번은 당일 산행, 1번은 여름철에 래프팅이나 카약 같은 활동으로 대체했고, 나머지 1번은 1박 이상의 지방 산행으로 진행됐다. 이 모임은 단순히 산행만이 아니라 내게 사랑과 업무의 기쁨을 동시에 안겨준 특별한 모임이다. 신입 회원으로 처음 산행회에 참여했을 때, 총무였던 지금의 아내를 만나게 된 것이다. 이후 나는 산행회에서 총무와 회장을 역임하며 누구보다 열정적으로 참여했지만, 바쁜 일상 속에 지금은 참석하지 못하고 있다. 하지만 그때 쌓은 좋은 인연들과 추억은 여전히 내 삶의 일부로 남아있다.

다음으로는 '영담모(Young IR담당자 모임)'다. 이름에서 알 수 있듯, 비슷한 연령대의 사원 및 대리급 IR담당자들이 함께 만든 모임이다. 모임 결성 당시 대부분의 구성원이 젊고 미혼이었지만, 지금은 차장, 부장, 임원급으로 성장했고, 기혼자도 많아졌다. 과거처럼 자주 모이진 못하지만, 가끔 연락을 주고받으며 안부를 나누곤 한다. 모두가 각자의 자리에서 경험을 쌓으며 성장했기에 예전처럼 질문을 주고받는 일은 줄어들었지만, 함께했던 시간이 지금의 우리를 만들었다는 점에는 누구도 이견이 없을 것이다.

또 하나 잊을 수 없는 인연은 현재 내가 재직 중인 진단키트 전문기업 젠바디와의 연결이다. 현재 나는 젠바디에서 IPO를 준비하고 있는데, 여기까지 이어지도록 주선해 주신 분이 젠바디의 CFO인 최용훈 전무님이다. 최 전무님은 과거 한국거래소에서 20년간 근무하며 공시팀 구성원으로 활동하셨고, 당시 기업들과의 유대관계를 중요하게 여기셨다. 이러한 철학 아래 IR 담당자들과의 모임을 조직하며 규제기관과 피규제기관의 관계를 인간적인 관계로 발전시킨 사례로 만드셨다. 이와 같은 인연은 단순히 직장 내 연결을 넘어, IR 네트워크가 나에게 제공한 성장의 한 축이 되었다. 모임 이름은 따로 없지만, 그 인연은 지금도 이어지고 있으며, 내 업무와 성장에 중요한 기반이 되어주었다.

그리고 'IR운영위원회' 모임도 빼놓을 수 없다. 분기에 한 번씩 IR 정책에 대해 논의하는 자리로 시작된 이 모임은 지금은 해산되었지만, 당시의 멤버들과의 관계는 여전히 이어지고 있다. IR 업계에서 실력자로 손꼽히는 분들이 많은 모임이었고, 그분들과의 교류는 내가 더 성장하고 노력하도록 동기를 부여해 주었다. 각자의 위치에서 큰 도움을 주는 분들이지만, 정작 본인들은 자신이 해준 게 없다고 말한다. 그러나 나는 그런 분들의 작은 한 마디마저도 큰 자산으로 여긴다.

이와 함께, 내가 재직 중인 기업이 위치한 지역별로 IR담당자들이 모이는 모임도 있었다. 나는 주로 분당 모임에서 활동했는데, 흥미롭게도 앞서 언급한 다른 모임의 인원과 중복되는 경우가 많았다. 이는 적극적인 IR담당자들의 사고방식이나 문제 해결 방법이 비슷하다는 것을 방증한다고 생각한다. 비슷한 고민을 공유하며 서로의 시각을 나누는 이러한 모임들은 내가 문제를 더 폭넓게 이해하고, 보다 효과적으로 대응할 수 있도록 해주었다.

마지막으로, 외국계 증권사 주최로 홍콩이나 싱가포르에서의 NDR(Non-Deal Roadshow)에 참여한 경험도 있었다. 다른 기업의 IR담당자들과 함께 해외에서 고생하며 서로의 업무 노하우를 공유했고, 그 인연은 지금도 이어지고 있다. 이러한 경험은 내가 주식시장을 더 넓고 깊게 바라볼 수 있도록 도와주었으며, 다양한 시각에서 세상을 볼 수 있게 했다.

  이 모든 모임과 사람들과의 교류를 통해 나는 업무 실력뿐만 아니라 인간적인 성장을 이루었다고 믿는다. 내가 해보지 않은 일을 해야 할 때마다, 해본 사람의 경험은 나에게 무엇과도 바꿀 수 없는 가치를 제공했다. 특히, 이러한 경험은 단순히 일에서만 의미가 있는 것이 아니다. 우리는 살아가며 만나는 모든 사람과의 관계 속에서 서로 배우고 성장한다. 좋은 사람들과의 만남은 업무를 넘어 내 삶의 많은 면에서 나를 더 나은 사람으로 만들어 주었다.

  결국, 모든 일은 사람이 하는 것이다. 좋은 사람들과 함께 일하며 성장하는 과정은 내 IR담당자로서의 여정을 더욱 의미 있게 만들었다. 그리고 나 역시 누군가에게 '함께 성장하고 싶은 사람'이 되기를 꿈꾼다.

상장은 목표가 아니라
과정이어야 한다

'상장은 목표가 아니라 과정이어야 한다'는 제목을 정한 이유는 간단하다. 기업은 상장을 통해 유입된 자금을 기반으로 더 큰 성장을 이루고, 상장사로서의 책임을 다할 때 사회적으로도 의미 있는 가치를 만들어 낼 수 있다고 믿기 때문이다. 상장은 기업 성장의 끝이 아니라 새로운 시작이다. 그러나 현실에서는 상장을 바라보는 시각이 다소 왜곡된 경우를 종종 목격하곤 했다.

상장을 앞둔 시점이 되면, 대표님을 포함한 기업 내부의 구성원들은 상장 준비 과정에 몰입하게 된다. 이 과정에서 상장이라는 이벤트 자체가 너무 큰 비중을 차지하다 보니, 상장이 곧 기업의 궁극적인 목표인 것처럼 느껴질 때가 있었다. 이러한 분위기 속에서 기업이 상장 이후에 지속 가능한 성장 전략을 간과하거나, 상장 후의 경영 환경 변화에 적응하지 못하는 경우도 적지 않다.

심지어 드물게는 상장만 되면 모든 문제가 해결될 것이라는 비현실적인 기대를 가진 사람들을 보기도 했다. 상장이 기업의 모든 문제를 해결해 주는 마법 같은 해결책일 리 없는데도 말이다. 이러한 태도를 가진 기업은 상장이 이루어진 후 급속히 쇠퇴하는 경우를 가끔 목격했다. 목표를 이루었을 때 찾아오는 나태함은 인간의 본성일지도 모르지만, 기업이 이러한 함정에 빠지면 그 대가는 치명적일 수밖에 없다.

상장은 기업의 성장을 위한 중요한 과정의 일부일 뿐이다. 상장 그 자체는 목적이 아니라, 기업이 더 큰 목표를 달성하기 위해 필요한 자금과 신뢰를 확보하는 과정이어야 한다. 이를 위해 상장 전에도, 그리고 상장 후에도 지속 가능한 성장 전략을 세우고 이를 실행해야 한다. 상장 후의 기업은 더욱 철저한 규제와 주주의 감시를 받는다. 상장 후에도 기업은 주주와 시장의 기대를 충족시키기 위해 끊임없는 혁신과 투명성을 유지해야 한다. 상장은 새로운 도약의 계기지만, 그 도약을 유지하기 위한 전략적 실행이 없다면 오히려 기업의 한계를 드러낼 수도 있다. 따라서 상장을 준비하는 단계에서부터 '상장 후'를 염두에 둔 계획과 태도가 필요하다.

특히, 상장을 준비하는 기업들은 내부 시스템을 정비하는 과정에서 올바른 태도를 유지해야 한다. 많은 경우, 스타트업으로 출발해 상장을 준비하는 단계까지 정신없이 앞만 보고 달려온 기업들은 상장 준비 단계에서 내부 규정과 관리 시스템을 포함한 운영 체계를 정비하게 된다. 이 과정에서 "아, 이건 상장을 위해 필요한 거구나"라고 단순히 상장 목표에 맞춘 보여주기식 접근을 한다면, 이러한 정비는 형식적인 절차로 끝날 가능성이 크다. 반대로, "우리 회사가 상장사로서 책임을 다하고 더 성장하려면 이게 필요한 거구나"라는 관점으로 받아들인다면, 정비 과정은 실질적인 운영과 성장에 도움이 되는 방향으로 설정될 것이다. 이러한 태도 차이는 상장 이후 기업의 성과와 지속 가능성에 있어 매우 큰 차이를 만들어 낸다.

내가 생각하는 이상적인 상장 과정은 이렇다. 상장은 기업이 자신이 설정한 더 큰 비전을 실현하기 위해 필요한 자원을 조달하고, 경영의 투명성을 강화하며, 공정한 시장에서 평가받는 계기가 되어야 한다. 이를 위해서는 상장을 준비하는 과정에서부터 상장 후의 성장 계획을 구체화해야 한다. 또한, 내부 구성원 모두가 상장을 기업의 성장 과정으로 인식하도록 문화와 의식을 바꾸어야 한다.

상장은 단지 문 하나를 여는 것이 아니라, 그 문 너머의 넓은 세상을 준비하는 일이다. 문을 여는 데만 집중하다가 정작 문을 통과한 뒤의 길을 준비하지 못한다면, 그 기업의 미래는 불투명할 수밖에 없다. 기업의 상장은 더 크고 의미 있는 성장을 이루기 위한 발판이라는 점을 기억해야 한다.

결론적으로, 상장은 하나의 목표가 아니라 더 큰 여정을 위한 중요한 과정이어야 한다. 상장이라는 이벤트는 단지 기업 성장의 중간 단계일 뿐이다. 이를 통해 유입된 자금과 신뢰를 발판 삼아 기업이 얼마나 더 성장하고 사회에 기여할 수 있는지가 결국 기업의 진정한 가치를 결정짓는다. 기업의 진정한 가치는 상장 이후 얼마나 더 큰 비전을 향해 나아가고, 이를 통해 사회에 기여하느냐에 달려있다. 상장을 넘어 더 크고 지속 가능한 미래를 만들어 가는 기업만이 진정한 성공을 거머쥘 수 있다.

IR담당자도 사람이다

IR담당자는 기업과 시장, 투자자 간의 가교 역할을 하는 중요한 존재다. 투자자와의 소통, 기업 정보의 전달, 시장의 신뢰를 쌓는 것은 IR담당자의 주요 업무이며, 이는 기업의 평판과 가치를 직접적으로 좌우할 수 있는 중요한 일이다. 하지만 이러한 역할의 특성상 IR담당자는 종종 기업의 대리인으로서 비난의 대상이 되기도 한다.

개인 투자자로부터 걸려오는 전화는 대부분 주가 하락이나 기업 실적 부진과 관련된 문의로 시작된다. 대화의 초점은 자연스럽게 불만으로 흐르는 경우가 많다. "왜 이 기업은 이 모양입니까?" 혹은 "어떻게 이럴 수 있죠?"라는 질문은 IR담당자에게 익숙하다. 더구나 기관 투자자나 애널리스트와의 미팅 과정에서 설명했던 기업의 사업 내용이 시간이 지나며 예상과 다르게 변화되었을 때, 그 책임의 화살 역시 IR담당자에게 향하기 마련이다.

나는 이런 상황을 받아들이고 있다. IR담당자로서의 역할은 기업과 시장의 연결고리가 되는 것이고, 이 연결고리가 흔들릴 때 가장 먼저 비난의 대상이 되는 것은 어쩌면 당연하다. 심지어 나는 이러한 수고와 감내가 내 급여의 일부라고 생각한다. 비판을 감내하고, 투자자들의 우려를 경청하며, 때로는 과도한 감정을 받아내는 것도 IR담당자의 업무 중 하나이기 때문이다.

하지만 그렇다고 해서 IR담당자가 기계처럼 감정이 없거나, 끝없이 평정심을 유지할 수 있는 존재는 아니다. IR담당자도 사람이다. 우리도 때로는 피곤하거나, 스트레스를 받거나, 혹은 마음이 무거운 날도 있다. 매일 온전히 같은 컨디션을 유지하며 모든 투자자의 감정에 완벽히 대응하는 것은 사실상 불가능하다.

특히, 문의하는 투자자 입장에서는 경제적 손실을 우려하거나, 시장 자료의 신뢰성을 의심하며 격앙된 상태로 연락을 줄 수 있다. 이러한 감정은 충분히 이해할 수 있다. 하지만 IR담당자 역시 상대방과의 관계를 유지하며 기업과 시장 간의 신뢰를 이어가야 하는 위치에 있다. 따라서 IR담당자에게 불만을 표출하더라도, 그 이후의 관계가 훼손되지 않도록 신중한 태도를 유지하는 것이 중요하다. IR담당자와의 관계가 단절된다면, 이후 발생할 수 있는 소통의 기회나 정보의 질은 더 나빠질 수 있다.

투자자들은 이런 점을 고려해 주기를 바란다. IR담당자는 기업의 성장과 투자자의 신뢰를 위해 최선을 다하고 있다. 때로는 직접 해결할 수 없는 문제를 대신 들어야 하고, 그로 인해 비난받을 수도 있다. 하지만 그들의 노력은 기업과 시장 모두를 위해 필수적이다.

결국, IR담당자의 역할은 단순히 정보를 전달하는 것을 넘어, 기업과 투자자 간의 신뢰를 구축하고 유지하는 것이다. 이 신뢰는 한 사람의 노력으로 쌓이는 것이 아니며, 양측 모두가 서로를 이해하고 존중할 때 비로소 완성될 수 있다. IR담당자와 투자자는 서로 다른 위치에 있지만, 결국 같은 목표를 향해 나아가는 동반자다. 서로를 이해하고 존중하는 작은 배려가 더 큰 신뢰로 이어질 것이다.

IR담당자도 사람이다. 그들의 수고와 감정을 존중하는 것이 곧 기업과 투자자 모두에게 더 나은 결과를 가져올 것이라 믿는다.

대표님의 그릇만큼 기업 가치는 커진다

혼자 혹은 몇 명 되지 않는 인력으로 창업해 상장사로 기업을 키워냈다는 것만으로도 대한민국의 모든 상장사 대표님들은 박수받아 마땅하다. 이는 결코 쉬운 일이 아니며, 그 자체로 이미 대단한 성취다. 기업을 상장시킨 모든 대표님들은 충분히 존경받아야 할 사람들이라는 것을 전제로 이 책의 마지막 이야기를 시작하고자 한다.

다만, 이 글에서 이야기하고자 하는 대표님은 주로 중견기업의 대표님에 초점을 맞추고 있다. 대기업은 오랜 세월 동안 체계적으로 쌓아온 시스템에 의해 기업이 움직이는 경향이 크다. 반면, 중견기업은 시스템보다 대표님의 리더십과 의사결정이 기업 성과와 성장에 더 직접적인 영향을 미친다. 이 점에서 중견기업의 대표님이 기업 가치에 미치는 영향은 더 크다고 할 수 있다.

그렇다면 상장 이후, 기업 가치의 성장 차이는 무엇이 결정할까? 상장 당시 시가총액이 1천억 원 수준이었던 기업이 몇 년이 지나도 제자리걸음인 경우가 있는 반면, 비슷한 시가총액으로 상장되었던 다른 기업은 3천억, 5천억을 넘어 조 단위로 성장하는 경우도 있다. 나는 그 차이가 기업 대표님의 '그릇', 즉 리더십과 비전의 크기에 따라 결정된다고 믿는다.

내 기준에서 훌륭한 대표님은 '적당히 이상적인 분들'이다. 여기서 말하는 이상은 기업의 비전일 수도 있고, 방향성일 수도 있다. 나를 포함한 실무진과 임원들은 대표님의 이상과 현실의 괴리를 줄여나가는 역할을 해야 한다. 이상이 현실화될수록 기업의 성장은 이루어진다고 믿기 때문이다. 그래서 너무 현실적인 대표님은 기업을 안정적으로 유지할 수는 있으나, 큰 성장을 기대하기 어렵다. 반면, 지나치게 이상적인 대표님은 그 이상이 비현실적으로 다가와 구성원의 공감을 얻기 어렵고, 실행력 또한 부족해질 가능성이 커져 기업이 방향성을 잃고 산으로 가는 경우가 발생할 수도 있다.

결국, 대표님의 역할은 이상과 현실의 균형을 잡는 것이다. 이상은 기업의 성장을 견인할 동력이 되고, 현실적인 접근은 그 이상을 실현 가능하게 만든다. 이 균형을 잘 맞추는 대표님일수록 기업의 가치는 커지고, 지속 가능성도 높아진다.

투자자들에게는 기업의 재무지표나 성장성만 살피지 말고, 그 기업의 대표님의 마인드와 인품까지 주의 깊게 살펴보길 권하고 싶다. 기업은 단순한 숫자와 실적으로만 움직이지 않는다. 대표님의 비전과 리더십이 기업 전체를 움직이는 원동력이다. 투자를 고려할 때, 대표님의 생각과 가치관이 얼마나 기업의 장기적 비전과 맞닿아 있는지를 평가하는 것이 중요하다.

마찬가지로, 대표님들께도 부탁드리고 싶다. 이상과 현실의 적절한 균형을 유지하며 기업을 이끌어 주시길 바란다. 비전을 제시하되, 그것이 실무진과 구성원들에게 실행 가능하도록 전달하는 것이 중요하다. 너무 이상적이라 구성원이 공감하지 못하거나, 너무 현실적이라 성장이 정체된다면 기업은 위험에 처할 수 있다. 또한, 실무진이 이상을 현실화하는 과정에서 생기는 어려움을 효과적으로 커뮤니케이션하여 방향성을 수정하는 유연성도 필요하다. 이 과정이 잘 이루어질수록 기업은 큰 위험 없이 성장할 수 있을 것이다.

결국, 대표님의 그릇이 곧 기업의 그릇이다. 대표님의 리더십과 비전이 기업의 가치를 결정짓고, 그 크기에 따라 기업의 현재와 미래가 달라진다. 기업의 성장은 단순히 운이나 환경의 문제가 아니다. 대표님의 그릇만큼 기업 가치도 커질 수 있다.

그리고 그 그릇은 단순히 현재의 기업 가치를 넘어, 미래의 방향성과 지속 가능성을 결정한다. 지금의 선택과 리더십은 기업이 다음 세대로 이어질 발판을 마련하는 가장 중요한 요소다. 결국, 대표님의 그릇은 기업의 성공뿐만 아니라 그 기업이 세상에 남길 유산의 크기까지 좌우할 것이다.

에필로그

이 책을 쓰면서 IR담당자로서 걸어온 20년을 돌아보는 소중한 시간을 가질 수 있었다. 하지만 책을 마무리하며 한 가지 분명히 말씀드리고 싶은 점은, 아무리 많은 노력을 기울였다 해도 부족한 부분이 분명히 있을 거라는 점이다.

"아는 만큼 보인다"라는 문구를 좋아하는데, 이번 책은 내가 알고 있는 범위 내에서 최선을 다해 쓴 결과물이다. 하지만 그 과정에서 몰라서 지나간 부분도 분명 있을 것이다. 그럼에도 이 책이 IR에 대해 관심 있는 분들에게 조금이라도 도움이 되었으면 하는 바람이다.

이번 책에서 다루지 못한 아쉬움도 있다. 예를 들어, IPO와 관련된 실무적인 내용은 일부러 제외했다.

현재 재직 중인 젠바디에서 세 번째 IPO 경험을 완성한 후, 그 경험을 바탕으로 별도의 IPO 실무서를 발간할 계획이기 때문이다. 그때는 이번 책에서 못다 한 이야기를 더 깊이 다뤄보고 싶다.

또 하나 준비하고 있는 계획이 있다. '추천의 글'을 써주신 분들과 책의 마지막에 언급한 고마운 분들을 모시고 추후 유튜브 콘텐츠를 제작할 생각이다. 각자 몸담고 있는 기업의 IR적인 이야기부터 주식시장 전반에 대한 허심탄회한 대화까지, 다양한 주제를 다루며 때로는 술 한잔하며 솔직한 이야기를 나눌 수 있는 자리로 만들고 싶다. 이 콘텐츠는 단순히 출연자와 나만이 아니라, 이 방송을 보게 될 분들에게도 의미 있는 시간이 될 수 있도록 만들고 싶다.

우선 유튜브 채널(www.youtube.com/@BravoTVyt)을 개설했으며, 앞으로 준비 과정을 거쳐 차근차근 진행할 계획이다.

마지막으로, 항상 곁에서 응원해 준 아내 정용주와 아들 이우진에게 고맙다는 말을 전하고 싶다. 두 사람의 믿음과 응원이 없었다면 이 책은 완성되지 못했을 것이다. 진심으로 감사하고, 사랑한다.

이 책이 IR이라는 직무와 주식시장에 대해 조금이라도 더 깊이 이해할 수 있는 계기가 되었기를 바란다. 그리고 나의 이야기가 이 글을 읽는 분들에게 작은 도움이 되었으면 좋겠다.

고마운 사람들

이 책을 마무리하며, IR담당자로서 걸어온 20년 동안 함께해준 고마운 분들에 대해 잠시나마 이야기하고 싶다. 이 길을 걸어오는 동안 늘 곁에서 힘이 되어준 함께 일했던 동료들, 다양한 인사이트와 조언을 아낌없이 나눠준 증권가의 전문가들, 그리고 다른 회사에서 알게 된 선배, 후배, 그리고 동갑내기 친구 IR담당자들 덕분에 지금의 내가 있을 수 있었다.

함께 고민을 나누고, 때로는 각자의 자리에서 열정적으로 일하는 모습을 지켜보며 나도 한층 더 성장할 수 있었다. 이분들은 나의 IR 여정에 단순한 동료 이상으로 큰 힘이 되었으며, 이 자리를 빌려 진심으로 감사의 마음을 전하고자 한다.

(가나다순)

고두경 아이마켓코리아
고의영 iM증권
고진석 IH리서치
곽윤기 다산네트웍스
권명준 유안타증권
권재현 J.P Morgan증권
김기정 비씨월드제약
김나경 THE IR
김동혁 서부T&D
김민기 DN솔루션즈
김민기 젠바디
김민석 베이비몬스터
김봉준 피노
김상열 큐알티

김성철 메리츠증권
김수희 레어마켓
김신우 신성이엔지
김오섭 AP시스템
김오섭 오로라
김우람 BNK자산운용
김운봉 제론엑스
김유겸 스마트마인드
김종명 에스피텍
김준수 쓰리나인
김지현 헥토
김태영 하이비젼시스템
김학준 키움증권
김형규 브이티
김홍기 링크드

문인근 에스엠인스트루먼트

박상엽 하이비젼시스템
박정근 덕우전자
박정은 진시스템

박제언	톱데일리	이경준	매커스
박진선	SGA솔루션즈	이경호	제론엑스
박찬우	YP Alliance	이문수	글루진테라퓨틱스
박형우	SK증권	이미희	NH투자증권
방원석	한국투자밸류자산운용	이병수	교보악사자산운용
배석준	YP Alliance	이상신	셀루메드
배지영	원유니버스	이상현	케이엔티파트너스
		이선영	프레스티지바이오파마
석완수	비아이랩	이성규	넥스트칩
성나경	THE IR	이성길	김앤장법률사무소
손석현	넥슨게임즈	이성희	아트만자산운용
송윤택	다인자산운용	이승민	엑세스바이오
신영재	코스닥협회	이영성	더바이오
신영준	오래온라이프사이언스	이유명	삼화네트웍스
신효진	메디톡스벤처투자	이인기	엔트리연구원
		이진구	국일제지
안주영	코스맥스엔비티	이진우	삐아
안직현	KB증권	이철호	브라보파트너스
안현덕	서울경제	이호용	유일로보틱스
염현수	휘닉스아일랜드	임수영	비즈니스온
오준업	모헨즈		

장성복 지이모션	**한우진** 네오위즈
장진영 폰드그룹	**허수인** 솔루스첨단소재
전재훈 오스템임플란트	**황호연** IR큐더스
정광민 에스티아이	**황화석** 리더스코스메틱
정기홍 머스트자산운용	
정은규 하이젠알앤엠	그리고⋯ **故 김영환** 전, 컴투스
정재창 티와이즈	
정지용 이녹스	
조연옥 파크시스템스	
조우형 HSBC증권	
조정연 카카오게임즈	
최대한 기아	

최만웅 에프에스티
최상필 차바이오텍
최용훈 젠바디
최재형 유니트론텍
최정백 대원미디어
최정현 헥토이노베이션
최종경 홍국증권
최효진 라온피플